내 주위엔 온통 수학이야 3
가위로 원을 자르는 건 왜 어렵지?

1판 1쇄 발행 2023년 11월 25일
1판 2쇄 발행 2024년 07월 01일

지은이 장경아 | **발행처** 도서출판 혜화동
발행인 이상호 | **편집** 권지영 | **디자인** nutbug
주소 경기도 고양시 일산동구 위시티3로 111, 202-2504
등록 2017년 8월 16일 (제2017-000158호)
전화 070-8728-7484 | **팩스** 031-624-5386
전자우편 hyehwadong79@naver.com

ISBN 979-11-90049-40-5 (74410)
ISBN 979-11-90049-41-2 (세트)

ⓒ 장경아, 2023
이 책은 저작권법에 따라 보호를 받는 저작물이므로 무단 전재와 무단 복제를 금지하며,
이 책의 전부 또는 일부를 이용하려면 반드시 저작권자와 도서출판 혜화동의 서면 동의를
받아야 합니다.

* 책값은 뒤표지에 있습니다.
* 잘못된 책은 바꾸어 드립니다.

생활 속에서 키우는 수학적 사고력

장경아 지음

혜화동

서문

**" 누구나 내 주변에서
　　수학을 찾을 수 있을 거예요! "**

　우리나라 학생들은 '수학'을 정말 열심히 공부하는 것 같아요. 학년이 올라갈수록 수학 공부에 더 많은 시간을 쏟아요. 이렇게 학생들이 수학 공부를 열심히 하는 건 아마도 '수학'이 좋은 대학을 가는 데에 중요한 역할을 하기 때문일 거예요.

　그런데 만약 누군가 여러분에게 '수학'이 우리의 삶과 무슨 상관이 있는지 묻는다면 뭐라고 대답할 수 있을까요? 혹시 계산 정도만 하면 살아가는 데에 아무 문제 없다는 생각이 들지 않나요? 국어나 과학, 사회, 영어와 같은 과목은 우리가 생활하는 데 필요할 것 같다는 생각에 의심 없는데 말이에요.

'수학'을 공부하는 가장 큰 이유는 수학을 공부하는 것을 통해 생각하는 힘을 기를 수 있기 때문이에요. 이런 힘은 우리가 살아가며 겪는 많은 문제를 해결하는 데에 도움이 되지요. 하지만 이런 답은 머리로는 이해되지만, 어린이들에게는 잘 와 닿지 않을 수 있어요.

어떻게 하면 어린이들에게 수학은 우리 생활에 꼭 필요하고, 우리 삶을 편리하게 해 준다는 걸 알려 줄 수 있을지 고민하며 주변을 둘러보기 시작했어요. 내 주위에 있는 물건을 유심히 관찰하니 많은 물건 속에 수학이 있다는 걸 알 수 있었답니다.

집에 있는 TV, 의자, 자전거, 컵, 신발에도, 또 필통 속에 있는 가위, 연필에서도 수학을 찾을 수 있어요. 길 위의 자동차 번호판, 신호등에서도 말이에요. 수학은 수학 문제집에만 있는 게 아니라 생활 속에서 누구나 사용하는 물건 속에서 쉽게 찾을 수 있답니다. 정말인지 궁금하다면, 지금부터 내 주변에 어떤 수학이 있는지 같이 만나 봐요!

이 책은 '수학을 배우면 어디에 쓰일까?' 또는 '수학 공부는 도대체 나와 무슨 상관이 있는 걸까?' 같은 생각이 종종 드는 어린이들에게 조금이나마 답이 될 수 있다고 생각해요.

차례

서문 — 4

01.
가위로 원을 자르는 건 왜 어렵지?

최초의 가위는 어떤 모양이었을까? — 9
왜 가위로 곡선을 자르는 게 어려울까? — 12
가위로 그림을 그릴 수도 있다고? — 16
수학 UP! 문해력 UP! 읽고 풀어 봐~! — 19

02.
자전거 바퀴가 작으면 속도도 느릴까?

작은 바퀴 자전거도 있다고? — 23
자전거 바퀴가 클수록 속도가 빠를까? — 26
나에게 꼭 맞는 자전거 고르는 방법! — 29
수학 UP! 문해력 UP! 읽고 풀어 봐~! — 32

03.
월드컵 대회마다 왜 축구공이 바뀌지?

월드컵 공인구는 언제부터 있었을까? — 35
한눈에 보는 월드컵 공인구! — 39
수학 UP! 문해력 UP! 읽고 풀어 봐~! — 44

04.
온도와 체감온도는 어떻게 다른 걸까?

온도에도 단위가 있다고? — 47
체감온도는 어떻게 정하는 걸까? — 51
체감온도에 대해 궁금한 것! — 54
수학 UP! 문해력 UP! 읽고 풀어 봐~! — 57

05.
**신호등 건너는 시간은
어떻게 정한 걸까?**

신호등은 왜 빨강, 초록, 노란색일까? — 60
보행자 신호등 시간은 어떻게 계산할까? — 64
초록불로 바뀐 신호등, 뛸까? 말까? — 67
수학 UP! 문해력 UP! 읽고 풀어 봐~! — 70

06.
**왜 미끄럼틀에서
친구와 자주 부딪힐까?**

놀이터에서 가장 많은 사고는 어디서 일어날까? — 73
왜 미끄럼틀에서 아이들이 많이 다칠까? — 77
스릴 만점, 워터파크 미끄럼틀의 황금 각도는? — 81
수학 UP! 문해력 UP! 읽고 풀어 봐~! — 84

07.
**야구 타율,
3할 5푼 6리가 뭔가요?**

야구에서는 왜 '할푼리'를 쓰나요? — 87
왜 타율 0.4를 '꿈의 타율'이라 하나요? — 90
타율은 어떻게 계산하나요? — 92
수학 UP! 문해력 UP! 읽고 풀어 봐~! — 96

08.
**차 번호판을 보면
자동차 종류를 알 수 있어요?**

나라마다 차 번호판이 다른가요? — 99
번호판 글자와 숫자에 담긴 뜻은 뭘까? — 102
차 번호판에서 발견한 '택시 수'란? — 106
수학 UP! 문해력 UP! 읽고 풀어 봐~! — 108

01. 가위로 원을 자르는 건 왜 어렵지?

❝ 최초의 가위는 어떤 모양이었을까? ❞

가위를 영어로 'scissors'라고 해요. '절단기'를 뜻하는 'cisoria'에서 유래했다고 해요. 또 다른 의견으로는 고대 로마의 황제 율리우스 카이사르가 어머니의 배를 가르고 태어난 데에서 유래되었다는 이야기도 있어요.

인류 역사상 가장 오래된 가위는 기원전 1000년쯤 사용한 것으로 추정되는 고대 그리스의 가위예요. 양털을 자를 때 쓴 가위였지요. 양털 가위는 쇠를 U자 모양으로 구부려 만든 모양이에요. 이런 U자 모양의 가위는 '쪽가위'라고도 해요. 오늘날에도 바느질할 때 실을 자르거나, 눈썹이나 수염 등을 자를 때 쓰이고 있어요. 최초의 가위이자, 지금까지도 사용되는 역사적인 가위인 셈이에요.

2세기에 사용하던 것으로 추정되는 U자 모양의 청동 가위

고려 시대에 사용한 것으로 추정되는 가위. 지금 우리가 쓰는 가위처럼 X자 모양

'가위' 하면 생각나는 X자 모양의 가위도 꽤 오랜 역사를 가지고 있어요. 1세기경 고대 로마에서 이집트 사람들이 축이 있는 X자 모양의 가위를 만들어 사용했어요. 축을 기준으로 2개의 날을 교차해 물건을 자를 수 있어요. 이후 X자형 가위는 서양뿐 아니라 중국, 일본, 한국 등 동양까지 퍼지게 되었고, 오늘날 가장 많은 가위의 모양을 차지하고 있어요. 무려 3000년이 넘는 시간 동안 가위는 종이, 옷감, 털, 쇠 등 다양한 재료를 자르는 도구로 쓰이고 있어요.

교과서 속 과학 개념!

지렛대 원리

> 적은 힘을 이용해 물건을 자르는 가위의 원리!

가위는 지렛대 원리를 이용해 만든 물건이에요. 지렛대란, 막대의 한 점을 받치고 그 받침점을 중심으로 물체를 움직이는 장치예요. 작은 힘으로 무거운 물체를 들어 올리는 도구예요.

지레에는 작용점, 받침점, 힘점 세 가지가 있는데, 이 세 가지의 위치에 따라 1종 지레, 2종 지레, 3종 지레로 나뉘어요. 가위는 받침점이 가운데에 있는 1종 지레예요.

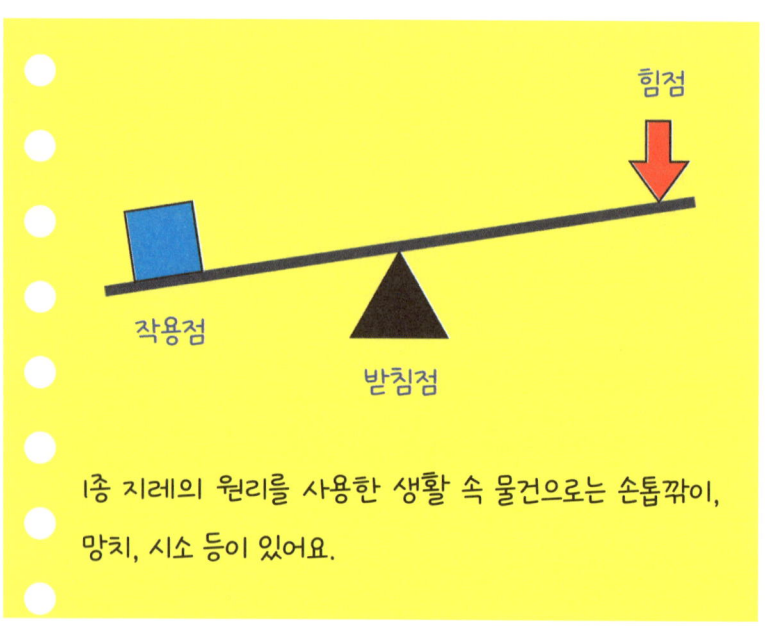

1종 지레의 원리를 사용한 생활 속 물건으로는 손톱깎이, 망치, 시소 등이 있어요.

〝왜 가위로 곡선을 자르는 게 어려울까?〞

가위로 종이를 자를 때, 대부분의 사람은 직선보다 곡선을 자르는 게 더 어렵다고 느껴요. 왜 그럴까요?

우리가 주로 사용하는 문구용 가위는 대부분 곧은 날로 이뤄져 있어요. 가위의 두 날을 완전히 벌린 채 종이를 사이에 넣고 가위를 오므리면, 두 날이 만나는 곳부터 종이가 잘리기 시작해요. 가위를 끝까지 오므리면 가위 날의 길이만큼 종이가 직선으로 잘리게 돼요.

 만약 가위로 삼각형을 자른다면 어떨까요? 삼각형을 자를 때는 꼭짓점과 꼭짓점을 잇는 변에 가위 날을 대고 자르면 돼요. 삼각형의 변의 길이가 가위 날의 길이보다 짧다면 한 번에 자를 수 있어요. 변의 개수만큼 가위질하면 되기 때문에 세 번이면 삼각형을 자를 수 있어요.

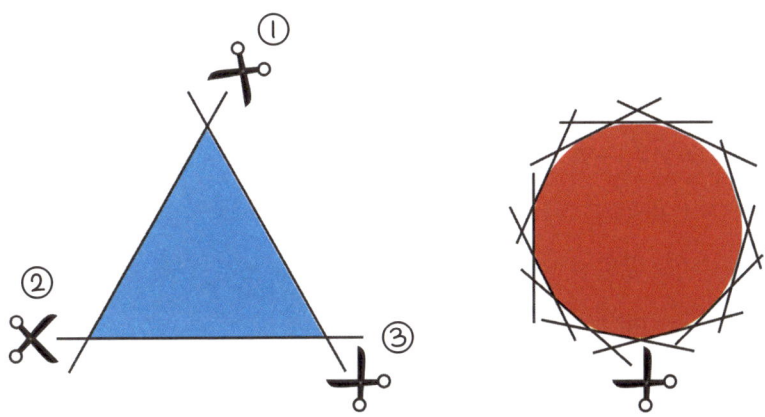

 반면 원에는 직선이 없으므로 그림처럼 가위질을 훨씬 더 많이 해야 해요. 또는 곡선 모양에 따라 가위나 종이의 방향을 계속 바꿔 주면서 잘라야 해서 더 어려워요.

큰 원과 작은 원 중에서는 어느 쪽이 더 자르기 쉬울까요? 큰 원의 둘레는 작은 원의 둘레보다 길어요. 그래서 큰 원을 오릴 때 가위질을 더 많이 해야 해요. 하지만 큰 원은 완만하게 구부러져 있고, 작은 원은 더 많이 구부러져 있어요. 구부러진 정도가 심할수록 가위의 방향을 더 빨리 바꿔야 하므로 작은 원을 오리는 것이 더 어렵게 느껴질 수 있어요.

생활 속 꿀팁!

곡선 가위도 있다고?

가위의 날은 모두 다 직선일까요? 문구용 가위 중에서 날이 곡선으로 된 가위도 있어요. 아래 두 가위를 보세요. 크기와 모양이 비슷해 보이지만, 자세히 보면 왼쪽 가위의 날은 직선이고 오른쪽 가위의 날은 곡선이에요.

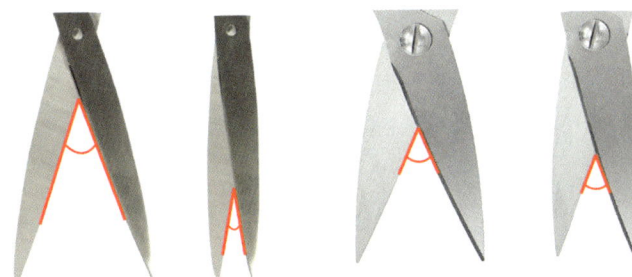

직선 가위는 날이 많이 벌어졌을 때의 각도와 날이 많이 닫혔을 때의 각도가 달라요. 가위를 오므리는 정도에 따라 두 날 사이의 각도가 달라지기 때문에 힘을 조절해야 해요.

곡선 가위는 벌어졌을 때와 닫혔을 때의 각도가 거의 같아요. 가위를 벌렸을 때나 오므였을 때나 같은 힘이 들어가기 때문에 가위질이 더 편해요. 손가락으로 힘을 조절하는 게 서툴 때는 곡선 가위를 사용하면 좋아요.

💬 가위로 그림을 그릴 수도 있다고? 💬

 붓이나 색연필, 크레파스가 아닌 가위로 그림을 그려 본 적이 있나요? 가위로 그림을 그리는 것으로 유명한 화가가 있어요. 바로 프랑스의 화가 '앙리 마티스'예요.

 앙리 마티스는 '색채의 마술사'라는 별명을 가질 만큼 화려하고 거침없는 색깔을 사용하는 작가로 유명해요. 마티스도 처음에는 다른 화가들처럼 보통의 미술 도구로 그림을 그렸어요. 그런데 나이가 들어 건강이 나빠지자 오랫동안 앉아서 그림을 그릴 수가 없게 됐어요. 그래서 침대에 누워 있는 동안 종종 색칠한 종이를 가위로 오리면서 새로운 방법을 생각하게 됐어요. 바로 '가위로 잘라 낸 그림'이라는 의미의 '컷-아웃(Cut-Out)' 기법이에요.

 컷-아웃 작품은 종이에 물감으로 원하는 색을 칠한 다음 원하는 모양을 떠올리며 가위로 오려서 붙이면 완성돼요. 만드는 방법도 아주 간단하지요. 또 붓으로 그리는 대신 가위로 오리기 때문에 색과 색 사이의 경계가 분명하고 또렷해요.

간결하지만 강렬한 색채로 그리스 로마 신화에 나오는 '이카루스'가 떨어지는 모습을 나타낸 작품 '이카루스'(1947)

빨강, 노랑, 초록, 파랑 등 화려한 원색으로 나뭇잎으로 나타내 생명력 있게 표현한 작품 '한 다발'(1953)

마티스의 컷-아웃 작품은 '그림은 그리는 것이다'라는 고정관념을 깼다는 점에서 주목받았어요. 또한 그림을 그릴 수 없는 상황에서도 포기하지 않고 새로운 것을 시도했다는 점에서도 높은 평가를 받았어요.

> 생활 속 꿀팁!

나도 마티스처럼 컷-아웃에 도전해 보자!

색종이와 가위를 이용해 앙리 마티스의 컷-아웃 작품을 따라 해 보자.

<작품명: 달팽이(1953)> 난이도 ★☆☆

여러 가지 색깔 종이를 사각형으로 오려 달팽이를 추상적으로 표현한 작품이에요.

<작품명: 베지터블 엘리먼츠(1947)> 난이도 ★★☆

빨간색 바탕에 노랑, 초록, 파란색 나뭇잎이 선명하고 강렬한 작품이에요.

수학 UP! 문해력 UP! 읽고 풀어 봐~!

1. 다음은 받침점이 가운데 있는 1종 지레예요. 이 1종 지레를 이용한 생활 물건이 아닌 것을 고르세요.

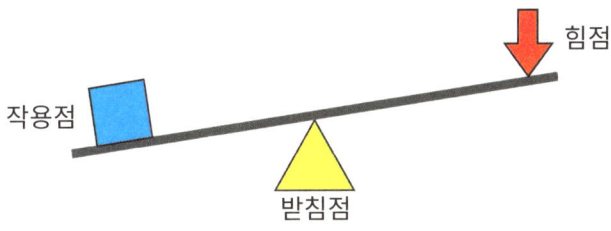

① 시소 ② 가위 ③ 망치 ④ 병따개 ⑤ 손톱깎이

2. 다음 그림은 가위로 삼각형과 원을 자르는 걸 나타낸 것이에요. 왜 가위로 삼각형을 오리는 것보다 원을 오리는 게 더 어려울까요? 이유를 써 보세요.

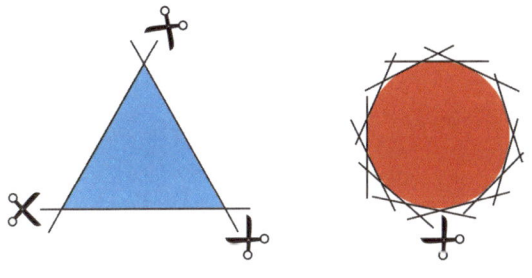

_____

_____

3. 아래 왼쪽 사진은 직선 가위를, 오른쪽 사진은 곡선 가위를 나타낸 것이에요.

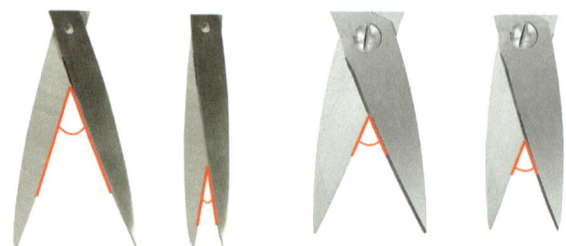

직선 가위와 곡선 가위의 특징을 정리한 내용에서 빈칸에 들어갈 말을 순서대로 쓴 것을 고르세요.

> 직선 가위는 날이 많이 벌어졌을 때의 각도와 날이 많이 닫혔을 때의 각도가 ☐☐☐. 가위를 오므리는 정도에 따라 두 날 사이의 각도가 달라지기 때문에 힘을 조절해야 해요. 곡선 가위는 벌어졌을 때와 닫혔을 때의 각도가 거의 ☐☐☐. 가위를 벌렸을 때나 오므렸을 때나 같은 힘이 들어가기 때문에 가위질이 더 편해요.

① 달라요, 같아요   ② 같아요, 달라요

4. 다음은 앙리 마티스의 작품이에요. '한 다발(1953)'이라는 제목의 작품으로 빨강, 노랑, 초록, 파랑 등 원색의 나뭇잎을 화려하고 생명력 있게 표현했어요. 물감으로 그리지 않고 종이를 가위로 오려서 완성하는 방법을 무엇이라고 하나요?

☐ - ☐☐ 기법

정답

1. ④

2. 삼각형을 오릴 때는 변의 개수인 3번만 자르면 삼각형을 오릴 수 있지만, 원은 곡선으로 이뤄져 있어서 여러 번의 가위질을 하거나 가위를 계속 움직여야 하기 때문이다.

3. ①

4. 컷 아웃

> 02.
> 자전거 바퀴가 작으면
>   속도도 느릴까?

〝작은 바퀴 자전거도 있다고?〞

　요즘은 어른들도 바퀴가 작은 자전거를 많이 타요. 일반적인 성인용 자전거의 바퀴 지름은 약 26인치(약 66cm)인데, 지름이 20인치(약 51cm) 이하로 작은 자전거를 '미니벨로'라고 해요. '작다'라는 뜻의 '미니(mini)'와 프랑스어로 '자전거'를 뜻하는 '벨로(velo)'를 합친 말이에요.

　미니벨로 자전거가 인기 있는 이유는 편리하기 때문이에요. 미니벨로 자전거 중에는 반으로 접을 수 있는 접이식 자전거가 많거든요. 크기가 큰 일반 자전거는 자동차에 싣기가 어렵지만, 접이식 미니벨로 자전거는 반으로 접어서 차에 싣고 옮기기 편해요.

또 미니벨로 자전거는 바퀴 크기도 작고 몸체의 무게도 가벼워서 자전거를 타다가 속도를 갑자기 줄이거나 높일 때 더 적은 힘이 들어요. 안장의 높이도 비교적 자유롭게 조절할 수 있어서 키가 자라는 성장기 어린이도 오랫동안 탈 수 있다는 장점이 있답니다.

교과서 속 수학 개념!

초3 ·· 원

원의 지름은 어디?

평면 위의 한 점에서 일정한 거리에 있는 점들을 연결하면 동그란 도형이 되는데, 이것을 '원'이라고 해요. 이때 양끝 점이 원 위에 있고, 원의 중심을 지나는 선분을 원의 '지름'이라고 해요. '반지름'은 지름의 절반을 뜻해요. 자전거 바퀴의 크기는 원의 지름으로 나타내요. 이때 길이는 cm가 아닌 인치(1인치=약 2.56cm)를 써서 표현해요.

26인치

02. 자전거 바퀴가 작으면 속도도 느릴까?

💬 자전거 바퀴가 클수록 속도가 빠를까?

자전거 바퀴가 클수록 속도가 빠르고, 바퀴가 작을수록 속도가 느릴까요? 그렇지 않아요. 자전거의 속도는 바퀴의 크기가 아닌 기어(gear)에 따라 결정돼요.

자전거 바퀴는 톱니바퀴와 체인을 통해 서로 연결돼 있어요. 톱니바퀴와 체인이 맞물리는 힘을 이용해 자전거에 힘을 전달하는 장치를 '기어'라고 해요. 기어는 페달과 뒷바퀴 쪽에 각각 있어요. 자전거의 속도는 '기어 비'에 따라 달라져요. 기어 비는 앞쪽 기어의 톱니 수를 뒤쪽 기어의 톱니 수로 나눈 값을 말해요. 페달을 밟아서 앞쪽 기어가 한 바퀴 도는 동안 뒤쪽 기어가 얼마나 회전하는지를 나타내요.

다음 그림과 같은 자전거에서 앞쪽 기어의 톱니 수는 53개이고, 뒤쪽 기어의 톱니 수는 12개예요. 이때 기어 비는 53÷12=약 4.42예요. 즉, 페달을 밟아 앞쪽 기어가 한 바퀴 돌아갈 때 뒤쪽 기어와 연결된 뒷바퀴는 4바퀴 반 정도 굴러간다는 뜻이에요.

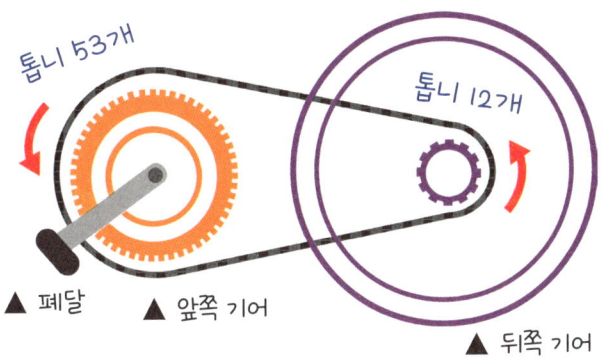

▲ 페달   ▲ 앞쪽 기어   ▲ 뒤쪽 기어

　만약 앞쪽 기어를 톱니 수가 22개인 작은 톱니바퀴에, 뒤쪽 기어를 톱니 수가 34개인 큰 톱니바퀴에 둔다면 기어 비는 약 0.65예요. 앞쪽 기어가 한 바퀴 도는 동안 뒤쪽 기어는 반 바퀴 정도만 도는 거예요.

　기어 비가 높을수록 페달을 한 번 밟을 때 뒷바퀴가 더 많이 돌아가므로 더 빨리 달릴 수 있어요. 하지만 기어 비가 높으면 페달을 밟을 때, 힘이 더 들어가요. 반대로 기어 비가 낮으면 힘은 적게 들지만 자전거의 속도는 느려요. 오르막길에서는 힘이 덜 들도록 기어 비를 낮게 설정해요.

> 생활 속 꿀팁!

자전거 기어 계산법

"기어가 몇 단이야?"라는 질문을 들어봤나요? 기어는 보통 크기가 다른 여러 겹의 톱니바퀴로 이뤄져 있어요. 어떤 크기의 톱니바퀴끼리 체인으로 연결하는지에 따라 힘과 속도가 달라져요.

앞쪽 기어와 뒤쪽 기어의 곱으로 쉽게 계산할 수 있어요. 예를 들어 앞 기어가 3개, 뒤 기어가 7개라면 3×7=21단이에요. 앞 기어 3가지와 뒤 기어 7가지의 조합으로 21가지가 가능하단 뜻이에요. 21개의 기어가 있다는 뜻은 아니랍니다.

기어 단수 = 앞쪽 기어의 개수 × 뒤쪽 기어의 개수

〝 나에게 꼭 맞는 자전거 고르는 방법! 〞

　처음에 세발자전거나 보조 바퀴를 단 자전거를 타던 어린이도 연습을 통해 두발자전거를 타게 돼요. 두발자전거를 탈 때 가장 중요한 건 바로 안전이에요. 내 몸에 맞는 자전거 크기를 선택할 때 중요한 기준은 '키'와 '인심(inseam)'이에요. 인심은 두 다리 사이에 가랑이에서부터 땅바닥까지의 길이를 뜻해요. 키와 인심에 따라 자전거의 적절한 바퀴 크기를 선택할 수 있어요.

　키와 인심을 측정한 다음, 어린이 자전거 사이즈 표를 보고 나에게 맞는 바퀴 크기를 찾으면 돼요. 만약 인심이 50cm라면 다음 표에 따라 16인치와 20인치 바퀴 두 개가 해당이 돼요. 이때는 바퀴 크기가 큰 쪽인 20인치를 골라요. 인심과 키에 따른 바퀴 크기가 서로 다르다면 인심을 기준으로 선택하는 것이 더 정확해요.

바퀴 크기	16인치	20인치	24인치	26인치
인심(cm)	40~56	48~64	58~71	64 이상
키(cm)	104~122	114~137	124~150	142 이상

* 자전거 전문 브랜드 트렉 홈페이지 '어린이용 자전거 가이드' 참고

바퀴 크기를 결정했다면 안장의 높이를 조절해야 해요. 어린이 자전거에서 안장의 높이는 바닥에서부터 안장의 가운데 부분까지 수직으로 잰 길이를 뜻해요. 자전거를 처음 탄다면 인심의 길이와 안장의 높이를 똑같게 하는 게 좋아요. 땅에 발바닥 전체가 닿으므로 중심이 흔들릴 때 바로 넘어지는 걸 막을 수 있어요.

자전거를 타는 게 익숙하다면 인심의 길이에 5~10cm를 더해 안장의 높이를 맞춰요. 발가락만 땅에 살짝 닿는 정도가 되지요.

생활 속 꿀팁!

취향에 따라 자전거도 가지각색!

① 일반 자전거
　- "평범한 게 좋아!"

② 미니벨로 자전거
　- "가벼워서 편리하고,
　디자인도 깜찍해!"

③ 산악용 자전거
　- "구불구불한 산길에서도
　잘 달릴 수 있어!"

④ 전기 자전거
　- "오래 타도 힘들지 않아!"

수학 UP! 문해력 UP! 읽고 풀어 봐~!

1. 미니벨로 자전거에 대한 설명으로 옳지 않은 것을 모두 고르세요.

    ① 미니벨로 자전거는 어린이용 자전거이다.
    ② 미니벨로 자전거의 바퀴는 20인치 이하이다.
    ③ 미니벨로 자전거는 속도를 갑자기 줄일 때 많은 힘이 든다.
    ④ 미니벨로의 '벨로'는 프랑스어로 '자전거'라는 뜻이다.
    ⑤ 미니벨로 자전거는 접을 수 있고 가벼워 이동할 때 편리하다.

2. 다음 빈칸에 들어갈 말은 무엇인가요?

    > 자전거의 속도는 □□에 따라 결정돼요.

    ① 바퀴   ② 기어   ③ 페달   ④ 무게

3. 자전거의 앞쪽 기어의 톱니 수는 53개이고, 뒤쪽 기어의 톱니 수는 12개예요. 이때 기어 비는 얼마인지 구해 보세요.

    식 : _____

    답 : _____

4. 자전거의 특징에 대한 설명이에요. 맞으면 ○, 틀리면 ×를 표시하세요.

① 톱니바퀴와 체인이 맞물리는 힘을 이용해 자전거에 힘을 전달하는 장치를 '기어'라고 한다. (   )

② 기어 비는 페달을 밟아서 앞쪽 기어가 한 바퀴 도는 동안 뒤쪽 기어가 얼마나 회전하는지를 나타낸다. (   )

③ 자전거 바퀴 지름이 26인치면 약 66cm이다. (   )

④ 자전거를 선택할 때 가장 중요한 기준은 키와 몸무게이다. (   )

⑤ 기어 단수는 '앞쪽 기어의 개수×뒤쪽 기어의 개수'로 구할 수 있다. (   )

5. 다음은 어떤 자전거에 대한 설명인지 쓰세요.

구불구불한 산길에서도 잘 달릴 수 있는 자전거예요.

(   ) 자전거

정답

1. ①, ③

2. ②

3. 식 : 53÷12=4.42, 답 : 4.42

4. ◯, ◯, ◯, ×, ◯

5. 산악용

03. 월드컵 대회마다 왜 축구공이 바뀌지?

❝ 월드컵 공인구는 언제부터 있었을까? ❞

월드컵은 세계에서 최고의 축구 국가대표팀을 가리는 대회로 4년마다 열려요. 2022년에는 중동 국가에서는 처음으로 카타르에서 월드컵 대회가 열렸어요.

월드컵 대회마다 새로운 공인구가 발표돼요. 디자인도 모양도 다른 축구공이 나오고 있어요. 1960년대까지 월드컵에서 쓰인 축구공은 오늘날의 배구공과 비슷한 모양이었어요. 공인구를 따로 만들지 않고 기존에 사용하던 축구공

중 월드컵에서 쓸 공을 협의해서 결정했어요. 그러다 보니 서로 자신의 나라에서 사용하던 축구공을 쓰겠다고 주장해 다툼이 벌어지는 일이 많았어요. 결국 FIFA(국제축구연맹)는 1970년 멕시코 월드컵부터 공식 축구공인 공인구를 사용하기로 했어요.

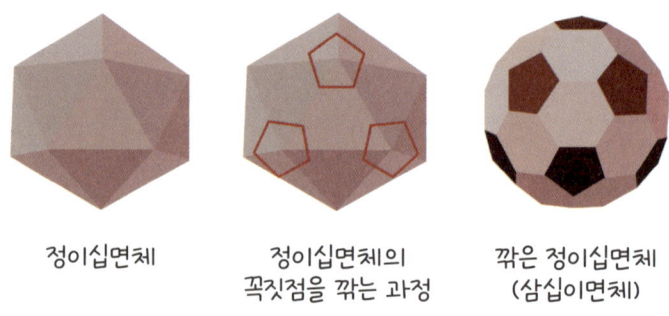

정이십면체   정이십면체의 꼭짓점을 깎는 과정   깎은 정이십면체 (삼십이면체)

* '깎은 정이십면체'를 만드는 과정이에요. 정이십면체의 꼭짓점 12개를 모두 깎으면 우리가 잘 아는 축구공과 같은 모양이 나오지요.

스포츠용품 기업인 아디다스를 통해 만든 1970년 멕시코 월드컵 공인구 '텔스타'는 디자인부터 파격적이었어요. 12개의 오각형 패널(조각)과 20개의 육각형 패널로 이뤄진 다면체, 즉 삼십이면체였어요. 이 다면체는 '깎은 정이십면체'라고도 불러요. 정삼각형 20개로 이뤄진 다면체의 각 꼭짓점을 잘랐을 때 이런 모양이 나오지요. 축구공은 동그란 입체인 '구'라고 생각하기 쉽지만, 실제로는 구가 아니라 삼십이면체예요.

교과서 속 수학 개념!

초6 ·· 입체도형

정다면체는 모두 5개!

다면체란, 다각형의 면으로 둘러싸인 입체도형을 말해요. 면의 수에 따라 사면체, 오면체, 육면체 등으로 나뉘어요. 이십면체는 면이 20개인 다면체를 말해요.

다면체 중에서도 모든 면이 서로 합동인 정다각형이고, 각 꼭짓점에 모이는 면의 개수가 같은 다면체를 '정다면체'라고 해요. 정다면체는 정사면체, 정육면체, 정팔면체, 정십이면체, 정이십면체로 5개밖에 없어요.

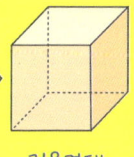 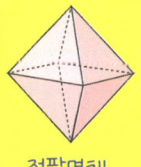 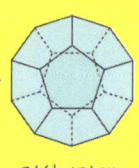 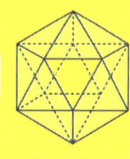
정사면체   정육면체   정팔면체   정십이면체   정이십면체

03. 월드컵 대회마다 왜 축구공이 바뀌지?

정다면체	정사면체	정육면체	정팔면체	정십이면체	정이십면체
면의 모양	정삼각형	정사각형	정삼각형	정오각형	정삼각형
한 꼭짓점에 모인 면의 개수	3	3	4	3	5
면의 개수	4	6	8	12	20
꼭짓점의 개수	4	8	6	20	12
모서리의 개수	6	12	12	30	30
전개도					

한눈에 보는 월드컵 공인구!

1970년 공인구 '텔스타'의 모양을 이루는 구조는 다른 공인구를 만들 때도 사용됐어요. 1970년 멕시코 월드컵부터 2002년 한일 월드컵까지 공인구의 디자인은 조금씩 달랐지만, '깎은 정이십면체'라는 뼈대는 같았어요.

1970 텔스타

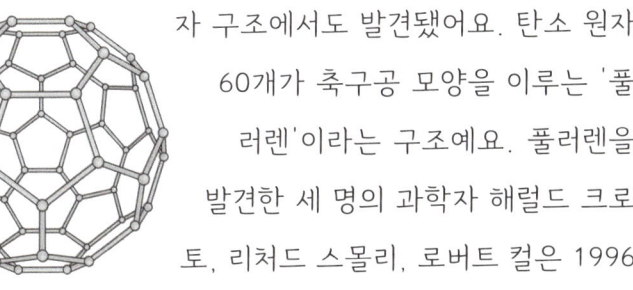

깎은 정이십면체 구조는 1985년 화학 분자 구조에서도 발견됐어요. 탄소 원자 60개가 축구공 모양을 이루는 '풀러렌'이라는 구조예요. 풀러렌을 발견한 세 명의 과학자 해럴드 크로토, 리처드 스몰리, 로버트 컬은 1996년 노벨 화학상을 받았어요.

2006 팀가이스트

2006년 독일 월드컵 때 등장한 '팀가이스트'는 깎은 정이십면체 구조가 아닌 곡선으로 이뤄진 패널을 사용해 당시 사람들을 놀라게 했어요. 패널 수를 줄여 최대한 구에 가깝게 만들었어요. 다각형 패널이 아닌 곡선 패널이 가능했던 건 축구공 제작에 컴퓨터 시뮬레이션 시스템을 사용한 덕분이었어요.

완벽한 구를 향한 도전은 계속되었어요. 2010년 남아공 월드컵의 공인구로 등장한 자블라니는 볼록한 삼각형과 오목한 삼각형 모양의 가죽 조각을 각각 4장씩, 총 8장의 조각으로 만들었어요. 이에 조각의 수는 팀가이스트보다 6개 줄어들었어요.

2010 자블라니

2014년 공인구 '브라주카'의 패널 개수는 6개로 역대 가장 적은 패널로 만들어져 가장 둥근 축구공이라는 평가를 받았어요.

2014 브라주카

2018년 러시아 월드컵 '텔스타18'은 브라주카와 비슷한 구조였지만, 여기에 최첨단 과학기술을 더했어요. 공인구 최초로 공에 NFC(근거리 무선 통신) 칩을 넣어서, 공을 차는 속도나 공의 위치를 추적하고 분석할 수 있게 됐어요.

2018 텔스타18

2022년 공인구 '알 리흘라'는 지금까지의 공인구 중에서 가장 빠른 축구공이에요. 속도를 높이기 위해 공의 중심부에 'CRT-코어'라는 특별한 기술을 사용했어요.

2022 알 리흘라

공의 모양이 2022년 공인구 '알 리흘라'는 지금까지의 공인구 중에서 가장 빠른 축구공이에요. 속도를 높이기 위해 공의 중심부에 'CRT-코어'라는 특별한 기술을 사용했어요. 공의 모양이 흐트러지지 않으면서도 속도와 정확도가 높아지도록 만들었어요.

 1970년 멕시코 공인구 이후 공인구의 패널 개수는 점점 줄어들었어요. 텔스타는 32개, 2006년 팀가이스트는 14개, 2010년 자블라니는 8개였어요. 2014년 브라주카와 2018년 텔스타18의 패널은 6개밖에 되지 않았어요. 하지만 패널의 개수를 줄이고 원형에 가까운 공을 만들자, 공이 매끄러워져 공의 움직임을 예측하기 어려웠어요. 그래서 '알 리흘라'의 패널은 다시 20개로 늘었어요. 미세한 돌기(뾰족한 부분)가 들어간 패널을 사용해 공이 안정적으로 날 수 있도록 만들었어요. 월드컵 공인구는 시간이 지날수록 다른 모양과 기능을 가진 모습으로 발전하고 있어요. 월드컵 대회가 열릴 때마다 어떤 축구공이 나올지 기대해 보세요.

교과서 속 수학 개념!

합동인 패널로 만든 브라주카는 '구 테셀레이션'

동그란 축구공을 만들 때 어떤 모양의 조각 가죽을 이어 붙였는지 살펴볼까요? 최초의 공인구 텔스타는 깎은 정이십면체로 오각형과 육각형 모양 조각이고, 2006 팀가이스트는 곡선 모양의 조각이에요.

대부분의 축구공은 두 개 이상의 서로 다른 모양의 조각을 연결해 동그란 구 모양을 만들어요. 그런데 공인구 중에 유일하게 같은 모양의 패널로 공을 만든 것이 있는데, 2014년 공인구 브라주카에요. 브라주카는 6개의 바람개비 모양의 한 가지 패널로 만든 공인구랍니다.

수학에서는 합동인 도형으로 평면을 채우는 것을 '테셀레이션'이라고 해요. 평면이 아닌 구의 겉면에서 이뤄질 경우에는 '구 테셀레이션'이라고 하죠. 브라주카는 유일한 구 테셀레이션 공인구랍니다.

수학 UP! 문해력 UP! 읽고 풀어 봐~!

1. 다음은 월드컵 공인구예요. 시간 순서에 따라 공인구를 나열한 것을 고르세요.

Ⓐ 자블라니

Ⓑ 알 리흘라

Ⓒ 텔스타18

Ⓓ 브라주카

Ⓔ 텔스타

Ⓕ 팀 가이스트

① Ⓔ → Ⓐ → Ⓕ → Ⓒ → Ⓓ → Ⓑ
② Ⓔ → Ⓕ → Ⓐ → Ⓓ → Ⓒ → Ⓑ
③ Ⓔ → Ⓕ → Ⓓ → Ⓐ → Ⓒ → Ⓑ
④ Ⓔ → Ⓐ → Ⓕ → Ⓓ → Ⓒ → Ⓑ

2. 어떤 공인구에 대한 설명인지 쓰세요.

> 1970년 멕시코 월드컵의 공인구로, 깎은 정이십면체 모양이에요. 지금까지도 '축구공' 하면 가장 먼저 생각나는 공이에요.

답 : _____

3. 다면체 중에서도 모든 면이 서로 합동인 정다각형이고, 각 꼭짓점에 모이는 면의 개수가 같은 다면체를 '정다면체'라고 해요. 정다면체는 아래 그림과 같이 모두 5개밖에 없어요. 각각의 이름을 써 보세요.

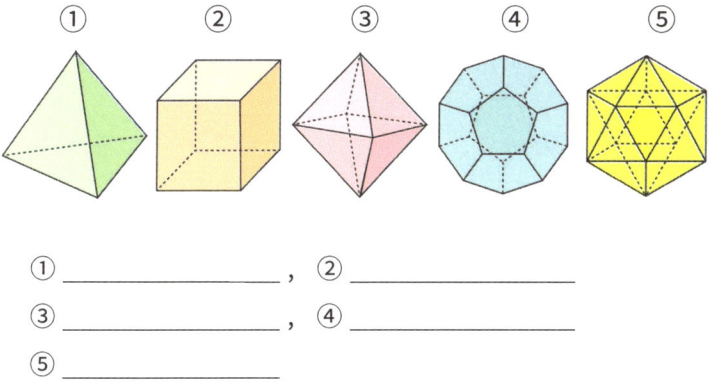

① _____ , ② _____
③ _____ , ④ _____
⑤ _____

4. 브라주카는 월드컵 공인구 중에서 유일하게 합동인 패널로 이뤄진 축구공이에요. 똑같은 모양의 패널 6개로 이뤄져 있어요. 왼쪽의 브라주카 축구공을 보고 어떤 모양의 패널인지 빈칸에 그려보세요.

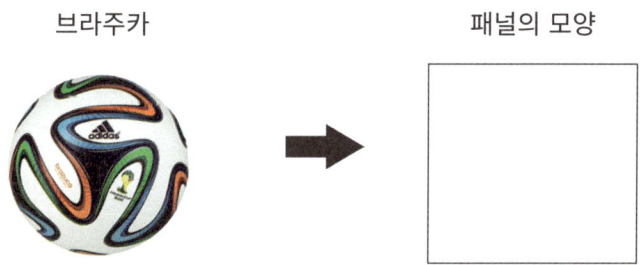

정답

1. ②

2. 텔스타

3. 정사면체, 정육면체, 정팔면체, 정십이면체, 정이십면체

4. 바람개비 모양

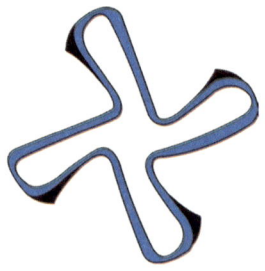

04. 온도와 체감온도는 어떻게 다른 걸까?

〝 온도에도 단위가 있다고? 〟

온도는 차갑고 뜨거운 정도를 숫자로 나타낸 것을 말해요. 대기의 온도를 '기온'이라고 하지요. 우리나라에서는 기온을 나타낼 때 주로 사용하는 단위는 '섭씨온도'예요.

섭씨온도는 1742년 스웨덴의 과학자 셀시우스가 만들었어요. 물이 얼기 시작하는 온도를 0도, 물이 끓기 시작하는 온도를 100으로 정하고, 그 사이를 100칸으로 똑같이 나눈 뒤 한 칸을 1°C라고 정했어요. °C는 섭씨온도의 단위로, 셀시우스 이름에 있는 알파벳 C를 따왔어요. 읽을 때는 '섭씨 20도'와 같이 읽어요. 우리나라에서는 섭씨온도만 사용하므로 기온을 말할 때 섭씨라는 말을 빼기도 해요.

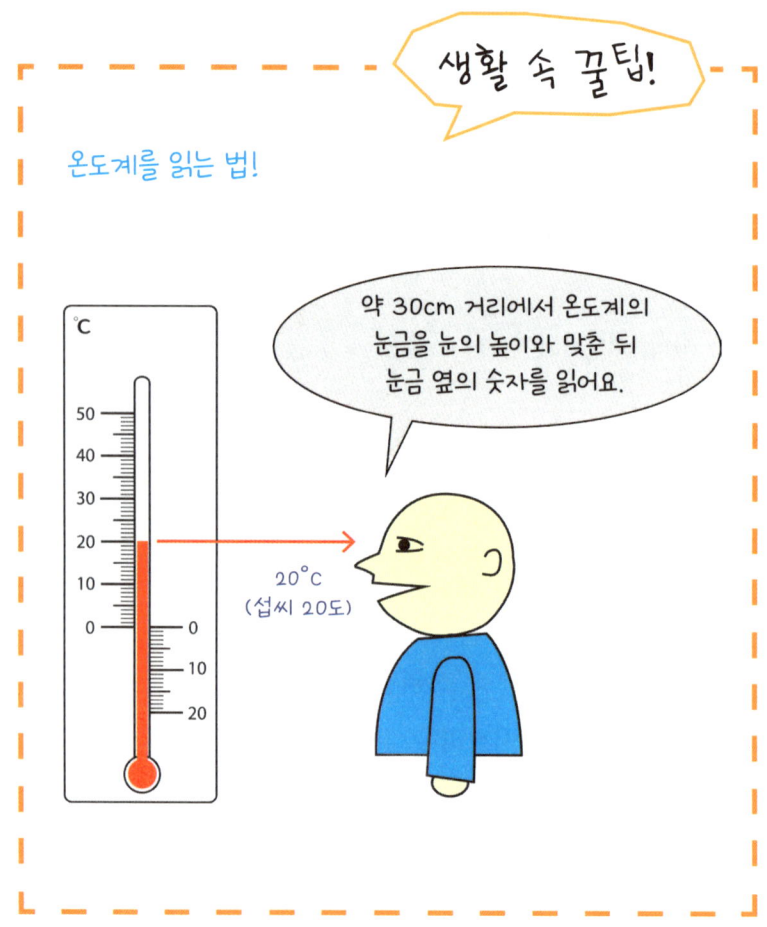

미국을 포함한 몇몇 나라에서는 기온을 나타낼 때 '화씨온도'를 써요. 화씨온도는 얼음이 녹는 때를 32도로, 물이 끓는 때를 212도로 정하고, 그 사이를 180칸으로 똑같이 나눠서 만들었어요. 화씨온도를 처음 만든 독일의 물리학자 파렌하이트의 이름에 들어간 알파벳 F를 따서 °F로 나타내요. 화씨 122°F와 같이 쓰고, 읽을 때는 '화씨 122도'라고 읽어요.

교과서 속 수학 개념!

섭씨온도를 화씨온도로, 화씨온도를 섭씨온도로 바꿀 수 있다!

$$°F = (°C × \frac{9}{5}) + 32$$

① 섭씨온도를 화씨온도로 바꾸는 방법
예를 들어, 섭씨온도 20도를 화씨온도로 표현한다면 다음과 같은 식을 계산해서 구할 수 있어요.

초5 :: 분수와 소수의 곱셈

$$\frac{9}{5} \times (20\,°C) + 32 = 68\,°F$$

② 화씨온도를 섭씨온도로 바꾸는 방법

$$°C = (°F - 32) \times \frac{5}{9}$$

예를 들어, 화씨온도 77도를 섭씨온도로 표현한다면 아래와 같은 식을 계산해서 구할 수 있어요.

$$(77 - 32) \times \frac{5}{9} = 25\,°C$$

체감온도는 어떻게 정하는 걸까?

> "오늘 대부분 지역 아침 기온이 영하권으로 떨어지고 바람도 강하게 불어 체감온도는 더 떨어지겠습니다. 아침 최저기온은 -7~2도로 전날과 비슷하며 출근길에 강한 추위가 예상되니 따뜻한 옷을 챙겨 추위를 대비하시길 바랍니다."

아마 이런 뉴스를 많이 들어봤을 거예요. 온도는 알겠는데, 체감온도는 뭘까요?

체감온도란 '우리 몸이 느끼는 온도'라는 뜻이에요. 같은 기온이라도 바람이나 습도, 햇빛의 세기에 따라 더위나 추위를 느끼는 정도가 달라져요. 예를 들어 같은 영하 10°C이더라도, 바람이 많이 부는 날에는 더 춥게 느껴져서 체감온도가 더 낮은 거예요.

기온은 온도계로 측정해요. 반면 체감온도는 사람의 몸이 느끼는 정도를 숫자로 나타낸 것이라서 온도계로 재지 않고 계산을 통해 구해요. 처음으로 체감온도를 계산한 건 1939년 남극으로 떠난 미국의 탐험가들이었어요. 탐험가 폴 사이플과 찰스 파셀은 실제 기온이 아닌 피부로 직접 느끼는 온도가 궁금했어요.

 남극 한복판에서 눈금이 있는 그릇에 물을 채운 뒤, 바람과 기온에 따라 그릇 속의 물이 얼마나 빨리 어는지를 측정했어요. 그런 다음, 피부가 열이 빼앗기는 정도를 계산해 체감온도를 구하는 식을 만든 거예요.

 이후로도 다양한 체감온도 계산식이 만들어졌고, 현재 우리나라 기상청은 2001년 캐나다와 미국에서 만든 계산식을 쓰고 있어요. 사람의 코, 턱, 이마, 뺨 등에 센서를 붙인 다음, 기온과 바람의 속도를 다르게 했을 때 피부의 온도가 얼마나 달라지는지를 측정해 만든 거예요. 체감온도는 습도가 높거나 햇빛이 강할수록 높아지고, 바람이 세게 불수록 낮아져요.

생활 속 꿀팁!

체감온도를 구해 봐~!

아래에 있는 표는 체감온도 계산식에 따라 정리한 체감온도 표예요. 만약 2월 1일의 기온이 0°C, 바람의 속도가 10km/h이고, 2월 2일의 기온이 -5°C, 바람의 속도가 5km/h라면 체감온도가 더 낮은 날은 언제일까요?

		바람의 속도(km/h)						
		5	10	15	20	25	30	35
기온 (°C)	5	4	3	2	1	1	0	0
	0	-2	-3	-4	-5	-6	-7	-7
	-5	-7	-9	-11	-12	-12	-13	-14
	-10	-13	-15	-17	-18	-19	-20	-20
	-15	-19	-21	-23	-24	-25	-26	-27
	-20	-24	-27	-29	-31	-32	-33	-33

체감온도를 구할 때는 기온이 몇 도이고 바람의 속도가 얼마인지 표에서 찾은 뒤, 두 값이 만나는 곳을 찾으면 돼요. 2월 1일의 체감온도는 0°C와 바람의 속도 10km/h가 만나는 곳이므로 -3°C예요. 2월 2일의 체감온도는 -5°C와 바람의 속도 5km/h가 만나는 곳이므로 -7°C예요.

💬 체감온도에 대해 궁금한 것! 💬

Q. 여름과 겨울, 체감온도를 구하는 방법이 같나요?

A. 여름은 바람보다는 습도가 더위를 느끼는 정도에 더 많은 영향을 줘요. 같은 기온이더라도 습도가 높은 날 더 덥다고 느껴요. 반면 겨울은 습도보다는 바람이 추위를 느끼는 것에 더 많은 영향을 주지요. 같은 기온이더라도 바람이 많이 부는 날 더 춥다고 느껴요.

이런 이유로 우리나라 기상청에서는 여름에 체감온도를 구하는 식과 겨울에 체감온도를 구하는 식을 다르게 사용하고 있어요. 여름에는 '체감온도'보다는 습도와 기온에 따라 불쾌함을 나타내는 정도를 수치로 표현한 '불쾌지수'라는 표현을 쓰고 있어요.

Q. 체감온도를 높이는 방법은?

A. ① 얇은 옷을 겹쳐 입어요.

두꺼운 옷을 하나 입는 것보다 얇은 옷을 여러 겹 입는 것이 체감온도를 높이는 데에 더 효과적이에요. 또 내복을 입으면 체감온도가 3도 정도 올라가는 효과가 있어요.

② 모자, 목도리, 귀마개와 같은 방한용품을 착용해요.

머리, 목, 손, 발은 체온이 손실되기 쉬운 부위예요. 피부가 고스란히 차가운 바람에 노출되는 곳이지요. 피부가 직접적으로 추위에 노출되지 않도록 방한용품을 착용하면 체감온도를 높일 수 있어요.

③ 적정 실내 온도를 유지해요.

따뜻한 곳에 있다가 갑자기 바깥의 찬 공기를 만나는 것도 체감온도를 낮추는 요인이 돼요. 겨울철 실내 적정 온도는 18~20도, 습도는 40~60%를 유지하는 것이 적당해요. 또 체온 유지를 위해 적절한 운동을 하는 것도 체감온도를 높이는 데에 도움이 됩니다.

Q. 체감온도는 건강에 어떤 영향을 주나요?

A. 사람이 느끼는 온도인 체감온도가 낮아지면 우리 몸에 저체온증이나 동상과 같은 위험이 생길 수 있어요. 기상청에서는 체감온도에 따라 4단계로 나눠 대응 요령을 안내하고 있어요.

단계	지수 범위	대응 요령
위험	-15.4 미만	- 장시간 야외 활동을 하면 저체온증이나 동상의 위험이 있어요. - 피부가 바람에 직접 노출되지 않도록 해야 해요. - 어린이의 경우 오랜 시간 외출을 하지 않아요.
경고	-15.4 이상 -10.5 미만	- 노출된 피부에 매우 찬 기운이 느껴져요. - 방한용품 없이 오랜 시간 피부 노출을 하면 저체온증 위험이 있어요.
주의	-10.5 이상 -3.2 미만	- 추위를 느끼는 정도가 점점 커져요. - 옷을 따뜻하게 입어야 해요.
관심	-3.2 이상	- 추위가 느껴지기 시작해요.

수학 UP! 문해력 UP! 읽고 풀어 봐~!

1. 다음은 일주일 동안의 기온과 바람의 속도를 기록한 표예요. 날짜에 해당하는 체감온도를 표를 이용해 찾아 써 보세요.

	월	화	수	목	금	토	일
기온 (°C)	0°C	5°C	0°C	-5°C	-15°C	-15°C	-20°C
바람의 속도 (km/h)	10m/s	10m/s	5m/s	15m/s	25m/s	35m/s	5m/s
체감 온도							

		바람의 속도(km/h)					
		5	10	15	20	25	30	35
기온 (°C)	5	4	3	2	1	1	0	0
	0	-2	-3	-4	-5	-6	-7	-7
	-5	-7	-9	-11	-12	-12	-13	-14
	-10	-13	-15	-17	-18	-19	-20	-20
	-15	-19	-21	-23	-24	-25	-26	-27
	-20	-24	-27	-29	-31	-32	-33	-33

2. 1번에서 채운 체감온도 표를 보고 빈칸에 답을 써 보세요.

   ① 기온이 가장 낮은 요일은 언제인가요?

   　　[　　　　　]

   ② 체감온도가 가장 낮은 요일은 언제인가요?

   　　[　　　　　]

3. 다음은 온도와 체감온도에 대한 설명이에요. 맞으면 ○, 틀리면 ×를 표시하세요.

   ① 섭씨온도는 물이 어는 온도를 0, 물이 끓는 온도를 100으로 정하고 그 사이를 똑같이 100칸으로 나눈 것을 1℃라고 한다. (　　)

   ② 우리나라는 섭씨온도를 사용하고 있다. (　　)

   ③ 섭씨온도 50℃를 화씨온도로 나타내면 112℉이다. (　　)

   ④ 체감온도 계산식은 계절에 상관없이 같은 계산식을 사용한다. (　　)

   ⑤ 체감온도는 여름에는 습도에, 겨울에는 바람에 영향을 많이 받는다. (　　)

   ⑥ 얇은 옷을 여러 겹 입는 것보다 두껍고 따뜻한 옷을 하나 입는 것이 체감온도를 높이는 데에 도움이 된다. (　　)

   ⑦ 체감온도는 온도계를 이용해 재는 온도이다. (　　)

정답

1. -3, 3, -2, -11, -25, -27, -24

2. ① 일요일, ② 토요일

3. ① ○
   ② ○
   ③ × (122°F이다.)
   ④ × (계절에 따라 다른 체감온도 계산식을 사용한다.)
   ⑤ ○
   ⑥ × (얇은 옷을 여러 겹 입는 것이 체감온도를 높이는 데에 도움이 된다.)
   ⑦ × (체감온도는 온도계로 재는 온도가 아니라, 계산식을 이용해 구하는 온도이다.)

05. 신호등 건너는 시간은 어떻게 정한 걸까?

❝ 신호등은 왜 빨강, 초록, 노란색일까? ❞

세계 어느 나라를 가 보아도 신호등의 색깔은 같아요. 빨간색, 초록색, 노란색을 사용해요. 신호등의 색깔은 어떻게 정해진 걸까요?

신호등은 도로보다 철도에서 먼저 사용되었어요. 1800년대 초, 기차가 세상에 등장하면서 신호등이 필요했어요. 그 당시에는 빨간색이 정지, 초록색이 주의, 흰색이 진행을 나타냈어요. 그런데 1900년대 초에 한 기관사가 빨간색 신호등의 표면이 깨진 것을 보고 흰색으로 착각해 앞에 있던 기차와 충돌하는 큰 사고가 났어요. 이 사건 이후 진행을 뜻하는 색깔을 흰색에서 초록색으로, 주의를 뜻하는 색깔을 초록색에서 노란색으로 바꾸게 되었어요.

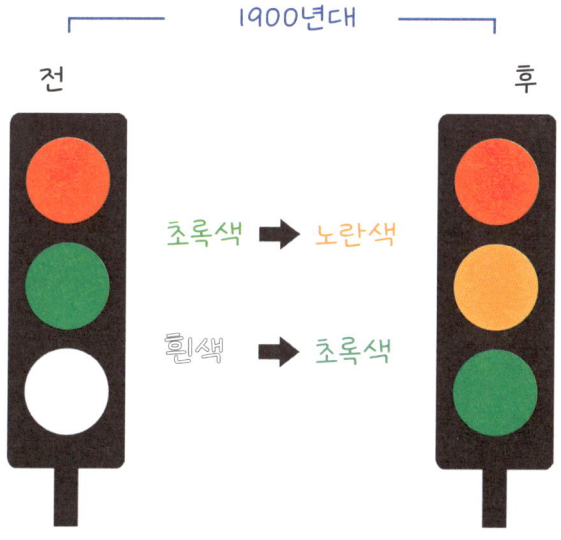

빨간색이 '정지'를 뜻하는 색깔로 쓰이는 것은 여러 가지 색깔 중 빨간색은 어두운 곳에서도 또는 먼 곳에서도 선명하게 눈에 띄는 색깔이기 때문이에요. 반면 초록색을 '진행'을 뜻하는 색깔로 사용하는 것은 초록색이 빨간색과 가

장 반대되는 색깔이기 때문이에요. 같이 있을 때 가장 강렬하고 선명해 보이는 색깔의 관계를 '보색'이라고 하는데, 빨간색과 초록색이 보색 관계예요.

이런 이유로 빨간색에서 초록색으로 신호가 바뀔 때 눈에 잘 띄는 효과를 주어요. 운전자 신호등에는 한 가지 색깔이 더 쓰이는데, 노란색 신호등이에요. 빨간색과 초록색 사이에서 곧 신호가 바뀐다는 것을 뜻해요. 노란색은 빨간색과 초록색이 함께 있을 때 가장 눈에 잘 띄는 색이랍니다.

생활 속 꿀팁!

반대 색깔을 찾아보자!
신호등의 빨간색과 초록색은 같이 있을 때 서로를 가장 뚜렷하고 선명하게 보이는 보색 관계예요. 다음 그림을 보고 주황색과 노란색의 보색은 각각 어떤 색깔인지 찾아보세요.

주황색 ⟷ 파란색

노란색 ⟷ 보라색

보행자 신호등 시간은 어떻게 계산할까?

신호등이 빨간색에서 초록색으로 바뀌면 신호등 옆에 숫자가 점점 줄어드는 걸 볼 수 있어요. 초록불이 켜져 있는 시간을 나타내는데요. 어떻게 계산하는 걸까요?

횡단보도에서 보행자가 건너는 시간은 보행자의 걸음 빠르기를 고려해서 정해요. 계산 방법은 간단해요. 보통 사람의 걸음 빠르기를 1초당 1m 정도를 걷는 것으로 생각해요.

만약 횡단보도가 15m라면 1m에 1초가 걸린다고 했으니 15초가 되지요. 여기에 횡단보도를 진입할 때까지 걸리는 시간을 7초 정도로 여유 시간으로 정했어요. 따라서 15m인 횡단보도를 건널 때 초록색 신호등이 켜져 있는 시간은 15+7=22초가 돼요. 22초 안에 보행자는 횡단보도를 건널 수 있어요.

횡단보도 15m일 경우
15초(1초에 1m)+7초(진입 시간)=22초

노약자나 어린이 보호 구역에서는 조금 다르게 계산해요. 노약자나 어린이의 경우 성인보다 걸음걸이가 느려서, 1초에 0.8m 정도를 걷는 빠르기로 생각해요. 예를 들어 15m인 횡단보도를 건넌다면, 1m에 1.25초가 걸리므로 15m를 건너려면 18.75초가 걸려요. 여기에 앞서 말한 횡단보도 진입까지 걸리는 여유 시간 7초를 더하면 25.75초가 돼요. 즉, 보행자는 26초 동안 횡단보도를 건널 수 있다는 뜻이에요.

> **횡단보도 15m일 경우(노약자, 어린이 보호 구역)**
> 18.75초(1초에 0.8m)+7초(진입 시간)
> =25.75초 → 26초

노약자나 어린이 보호구역에서 1초에 0.8m 걷는 빠르기가 적절하지 않다는 지적도 있어요. 노약자나 어린이, 몸이 불편한 사람들에게 지금의 계산으로 구한 시간이 부족해 서두르는 일이 많기 때문이에요.

보행자가 신호등 시간을 계산한 값은 최소 보행자 시간이기 때문에 모든 횡단보도에 똑같이 적용되는 것은 아니에요. 주위 시설이나 교통 상황에 따라 계산된 시간에서 시간을 조절할 수 있어요. 전문가들은 보행자가 횡단보도를 서두르지 않고, 안전하게 건널 방법을 찾기 위해 노력하고 있다고 해요.

교과서 속 수학 개념!

초6 ·· 소수의 곱셈

보행자 신호등 시간은 무조건 소수점 '올림'

어린이나 노약자 보호 구역의 보행자 신호등 시간을 구하는 과정에서 소수의 곱셈 계산이 쓰여요.
1초에 0.8m를 간다고 계산하므로 횡단보도 15m일 경우를 계산해 보면 25.75초로 계산 결과가 나와요.
이 시간은 계산에 의해 최소로 필요한 시간이므로 실제 신호등 시간으로 초를 정한다면 소수점 첫째 자리에서 올림을 한 26초가 되어야 해요. 이때 소수점 첫 번째 자리의 숫자가 어떤 숫자이더라도 1초로 계산해야 하는 이런 근삿값 구하는 방법을 소수점 '올림'이라고 해요.

초록불로 바뀐 신호등, 뛸까? 말까?

횡단보도를 향해 걸어가고 있는데, 멀리 있는 신호등 색깔이 방금 초록색으로 바뀌었어요. 이런 상황에서 '뛰어서라도 갈까?' 하고 고민해 본 경험이 있을 거예요. 몇 초 안에 횡단보도에 도달할 수 있다면 신호등을 안전하게 건널 수 있을까요?

보행자 신호 계산법에서 횡단보도 진입까지 걸리는 시간을 7초로 계산하고 있어서, 횡단보도 진입까지 7초 안에 도착한다면 횡단보도에서 뛰지 않고서도 건널 수 있을 거예요.

횡단보도 진입까지 7초보다 더 걸릴 것 같다면, 횡단보도를 건널 때에도 서두르거나 뛰어야 한다는 뜻이 돼요. 횡단보도에서는 뛰거나 서두르는 것이 위험하므로, 7초 안에 횡단보도에 진입할 수 없다면 다음 신호를 이용하는 것이 좋다는 뜻이에요.

횡단보도를 건너는 도중에 초록색 신호등 시간이 얼마 남지 않는 경우도 생각해 보아요. 건너야 할 횡단보도는 아직 남았는데 시간이 촉박해 서두르며 뛴 적이 있을 거예요. 앞으로는 횡단보도를 건널 때, 초록색 신호등 시간이 몇 초 남지 않아도 뛰지 않아도 될 것 같아요. 2022년부터 '보행 신호 자동연장 시스템'을 전국 곳곳에서 시범적으로 운행하고 있기 때문이에요. 보행신호 자동연장 시스템이란, 횡단보도를 건너는 도중 시간이 부족해 시간 내에 다 건너지 못하는 상황일 때 횡단보도에 설치된 AI 인공지능이 알아서 신호등 시간을 5~10초 정도 연장해 줘요. 인공지능 기술이 신호등에도 적용되면 더 안전하고 편리하게 횡단보도를 건널 수 있을 거예요.

> 생활 속 꿀팁!

빨간불 대기 시간을 알려 주는 신호등

최근에는 빨간불이 켜져 있는 대기 시간도 알 수 있는 신호등도 종종 볼 수 있어요. 빨간불 대기 시간을 알려 주는 신호등은 얼마나 기다려야 초록불로 바뀔지 알 수 있어요.

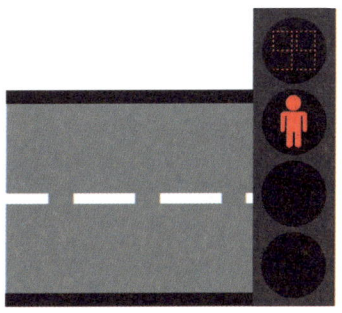

빨간불 대기 시간 신호등은 빨간색 신호등 위에 숫자가 있어요. 99초부터 시작해 98, 97, 96씩 1초씩 줄어들어 6초까지 알려 주는 것이에요. 빨간불 대기 시간 신호등은 초록불이 바뀔 때까지의 시간을 알려 줘 보행자가 좀 더 안전하게 횡단보도를 긴널 수 있을 거예요. 주위에도 이 신호등이 있는지 찾아보세요.

수학 UP! 문해력 UP! 읽고 풀어 봐~!

1. 처음에 신호등의 색깔은 빨간색, 초록색, 흰색이었어요. 1900년대 초에 빨간색, 초록색, 노란색으로 바뀌었어요. 왜 흰색에서 노란색으로 바뀌었는지 이유를 써 보세요.

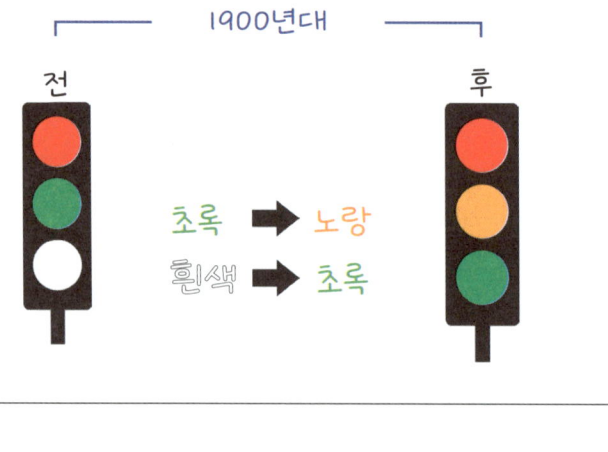

_____

_____

2. 신호등의 빨간색과 초록색은 같이 있을 때 서로를 가장 뚜렷하고 선명하게 보이는 보색 관계예요. 보라색과 파란색의 보색은 각각 무엇인지 찾아 써 보세요.

① 보라색 ↔ _____

② 파란색 ↔ _____

3. ① 횡단보도에서 보행자가 건너는 시간은 보행자의 걸음 빠르기를 고려해서 정해요. 보통 사람의 걸음 빠르기를 1초당 1m 정도를 걷는 것으로 생각한다고 해요. 횡단보도의 길이가 다음과 같을 때, 보행자 신호등 시간은 몇 초인지 구해 보세요.

   ★ 횡단보도 20m일 때
   식 : _____
   답 : _____ 초

   ② 노약자나 어린이의 경우 성인보다 걸음걸이가 느려서, 1초에 0.8m 정도를 걷는 빠르기로 생각해요. 횡단보도의 길이가 다음과 같을 때, 보행자 신호등 시간은 몇 초인지 구해 보세요.

   ★ 횡단보도 20m일 때
   식 : _____
   답 : _____ 초

4. 신호등에 대한 설명으로 맞으면 ○, 틀리면 ✕를 표시하세요.
   ① 나라가 달라도 신호등의 색깔은 빨간색, 초록색, 노란색으로 같다.
   ② 보행자 신호등 시간은 사람들의 걸음걸이 시간을 고려해 계산한다.
   ③ 보행자가 횡단보도 진입까지 걸리는 시간을 10초로 정한다.
   ④ '보행신호 자동연장 시스템'을 사용하면 초록불이 남아 있는 시간이 얼마 없어도 알아서 시간이 늘어나 뛰지 않아도 된다.

정답

1. 빨간색 신호등의 표면이 깨진 것을 보고 흰색으로 착각해 앞에 있던 기차와 충돌하는 큰 사고가 났다. 이 사건 이후 진행을 뜻하는 색깔을 흰색에서 초록색으로, 주의를 뜻하는 색깔을 초록색에서 노란색으로 바꾸게 되었다.

2. 노란색, 주황색

3. ① 식 : 20×1초 + 7초 = 27초, 답 : 27초
   ② 식 : 20×1.25초 + 7초 = 32초, 답 : 32초

4. ○, ○, ✗, ○

06. 왜 미끄럼틀에서 친구와 자주 부딪힐까?

❝ 놀이터에서 가장 많은 사고는 어디서 일어날까? ❞

2019년부터 2021년까지 3년 동안 발생한 어린이들의 안전사고를 조사해 봤어요. 그 결과 놀이터에서 발생한 어린이 안전사고가 총 4,076건이었어요. 해마다 1,000건 이상 발생했어요.

특히 만 7세~14세의 어린이들이 놀이터 시설 때문에 사고를 당하는 경우가 가장 많았어요. 놀이 기구에서 떨어지는 사고가 절반 이상이었고, 미끄럼틀에서 엎드리거나 서서

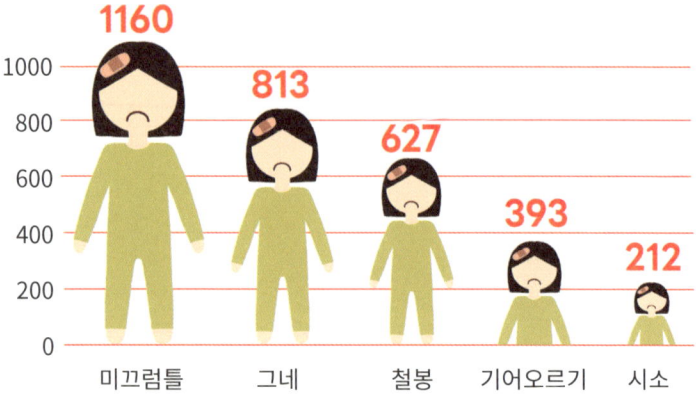

* 2019~2021년 놀이터 내 어린이 안전사고 분석 결과 (한국소비자원, 공정거래위원회)

타다가 넘어지는 사고도 잦았어요. 계단을 이용하지 않고 미끄럼틀을 거꾸로 올라가다가 다치기도 했어요.

　미끄럼틀을 탈 때는 앞사람이 올라간 다음 차례로 올라가고, 한 사람씩 앉아서 타고 내려와야 해요. 내려온 뒤에는 다음 사람이 내려오다 부딪히지 않도록 빨리 비켜 주는 것이 좋답니다. 미끄럼틀은 놀이터에서 가장 인기가 많은 놀이 기구이지만, 사고의 위험도 크다는 것을 이제 잘 알았나요?

교과서 속 수학 개념!

자료를 한눈에 알아보기 쉬운 '그래프'

자료를 점, 직선, 곡선, 막대, 그림 등을 사용해 나타낸 것을 그래프라고 해요. 그래프는 주어진 자료를 한눈에 볼 수 있도록 해요. 그래프의 종류에는 띠그래프, 원그래프, 막대그래프, 꺾은선그래프 등이 있어요.

① 띠그래프
- 전체에 대한 각 부분의 비율을 띠로 나타낸 그래프

② 원그래프
- 전체에 대한 각 부분의 비율을 원으로 나타낸 그래프

③ 막대그래프
- 조사한 수를 막대 모양으로 나타낸 그래프

④ 꺾은선그래프
- 조사한 수를 점으로 표시하고, 점을 선분으로 이어 나타낸 그래프

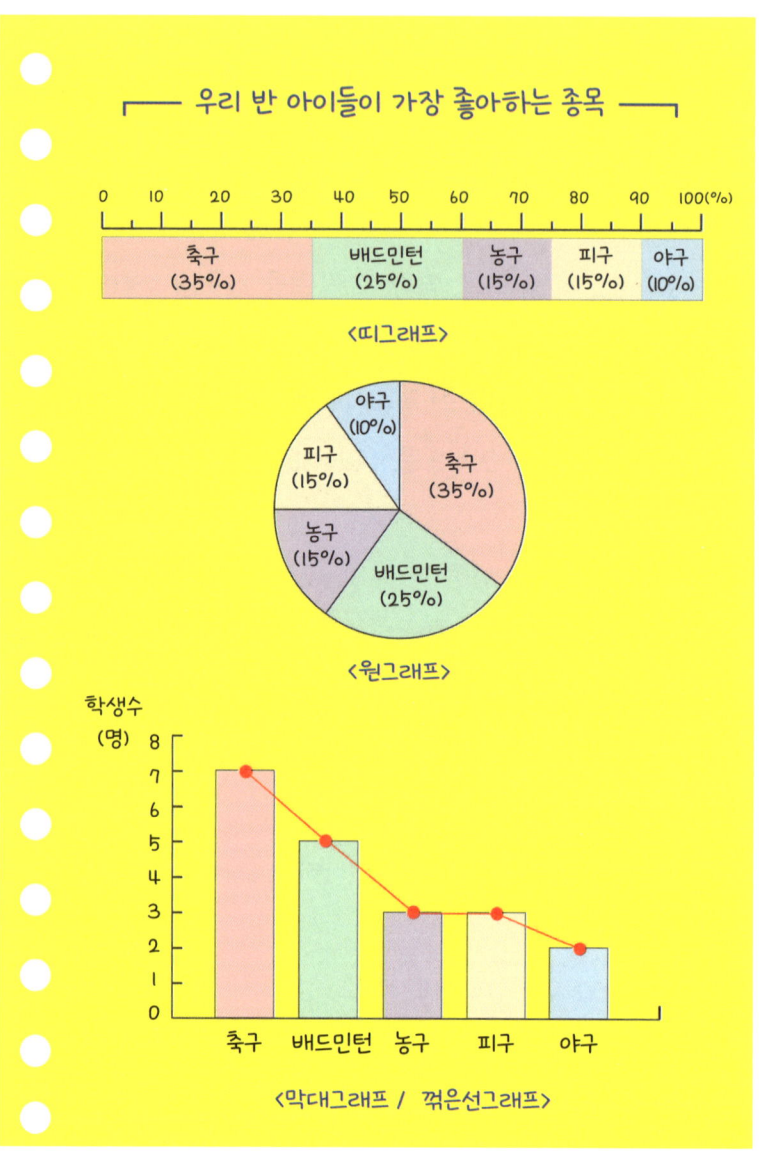

왜 미끄럼틀에서 아이들이 많이 다칠까?

미끄럼틀에서 친구끼리 서로 부딪히는 사고가 자주 일어나는 이유는 뭘까요? 그 답은 미끄럼틀 모양에서 찾을 수 있어요. 아래와 같이 A에서 B까지 내려오는 미끄럼틀을 만들려고 해요. 가장 빠르게 "슝~" 하고 내려오는 미끄럼틀을 만들려면 어떻게 만들어야 할까요? 직선일까요? 곡선일까요?

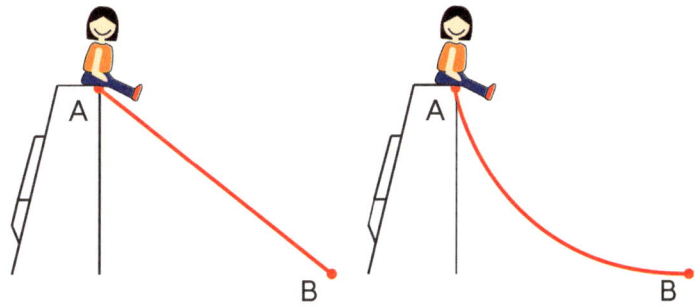

언뜻 생각하면 A와 B를 곧게 잇는 직선 미끄럼틀이 더 빠를 것 같아요. 하지만 직선 미끄럼틀보다 오른쪽 곡선 미끄럼틀이 더 빠른 미끄럼틀이 된답니다. 왜 그럴까요? 직선보다 더 빠른 곡선 미끄럼틀의 곡선 모양은 바로 '사이클로이드'예요.

 사이클로이드 곡선은 원 위의 한 점이 평평한 바닥을 굴러갈 때 생기는 곡선이에요. 자전거 바퀴 가장자리에 반짝 빛나는 야광등을 붙인 후, 자전거가 이동한다고 상상해 보세요. 자전거 바퀴가 움직이면서 야광등도 움직이겠죠? 이때 야광등이 그리는 곡선이 바로 사이클로이드예요.

 이동거리만 따져 보면 A와 B를 직선으로 연결한 직선 미끄럼틀이 곡선 미끄럼틀보다 더 짧아요. 직선 미끄럼틀에서는 일정하게 속도가 증가해요. 하지만 곡선 미끄럼틀을 내려올 때는 직선보다 더 빠르게 속도가 증가해요. 이런 이유 때문에 곡선 미끄럼틀은 직선보다 이동 거리가 멀지만, 더 빠른 미끄럼틀이 될 수 있어요.

 사이클로이드 곡선 미끄럼틀에는 재밌는 성질이 또 있어요. 아래 그림과 같이 곡선 미끄럼틀의 서로 다른 위치에 축구공을 두고 동시에 공을 굴리면 어떤 것이 가장 먼저 도착할까요?

어떤 공이 제일 빨리 도착할까?

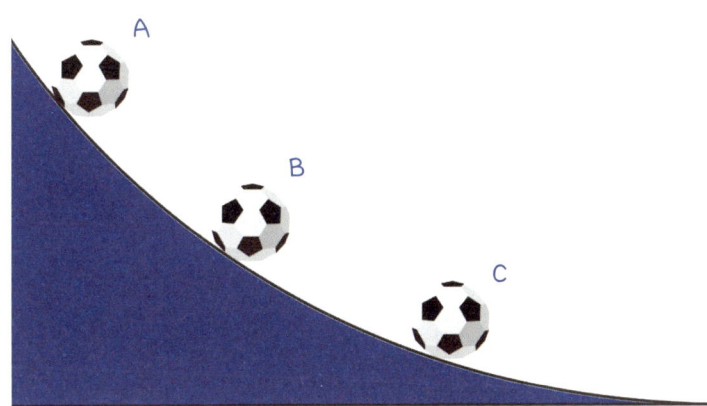

도착 지점과 가장 가까운 곳에 있는 C가 가장 먼저 도착할 것 같지만, 신기하게도 A, B, C 모두가 같이 도착해요. A는 B와 C보다 도착점으로부터 멀리 있지만, 가장 중력의 힘을 많이 받아 빠르게 속도가 늘어나요. C는 도착점으로부터 가까이 있지만 중력의 힘을 적게 받아 속도가 빠르지 않아요. 어느 지점에서 출발하더라도 같은 시간에 떨어진다는 것은 사이클로이드 곡선이 가진 독특한 성질이랍니다.

이제 사이클로이드 곡선의 성질을 기억하면서 놀이터 미끄럼틀에서 종종 일어나는 일을 상상해 볼게요. 미끄럼틀을 탄 A가 완전히 도착하지 않았는데, 또 다른 친구 B가 미끄럼틀을 타고 내려가면 어떻게 될까요? 앞에서 먼저 A가 출발했더라도 완전히 도착해서 미끄럼틀 밖으로 벗어나지 않았다면 뒤에서 내려오는 친구 B와 부딪힐 수 있는 것이에요. 따라서 미끄럼틀을 탈 때는 앞에서 미끄럼틀을 탄 친구가 완전히 미끄럼틀 밖을 벗어난 후에 출발해야 한다는 걸 꼭 기억해야 한답니다.

💬 스릴 만점, 워터파크 미끄럼틀의 황금 각도는?

여름철 더위를 피해 사람들이 많이 찾는 곳이 있어요. 바로 워터파크예요. 워터파크에는 놀이터에서 보는 미끄럼틀과는 비교가 안 되는 커다란 미끄럼틀이 있어요. 빠른 물살과 함께 내려오는 짜릿함과 재미가 굉장해요. 모양도 꼬불꼬불하기도 하고, 비틀린 모양 등 다양하지요. 워터파크 미끄럼틀에서도 가장 중요한 건 바로 안전과 재미, 이 두 가지가 함께 있어야 한다는 점이에요. 안전하면서도 재밌는 워터파크 미끄럼틀의 비결은 바로 미끄럼틀의 각도에 있어요.

미끄럼틀을 길게 폈다고 했을 때 바닥과의 각도가 9~12°가 되도록 만드는 것이에요. 이 각도보다 작으면 재미가 덜 하고, 이 각도보다 크면 위험해져요. 긴 미끄럼틀에서 일부분이 이 각도보다 큰 급경사가 있기도 한데, 그 이유는 미끄럼틀의 짜릿함을 최대로 하기 위함이에요. 급경사 부분이 있는 다음에는 완만한 부분이 길게 있어서 속도를 줄이고 안전하게 만들어 줍니다.

워터파크의 미끄럼틀을 길게 폈다고 했을 때

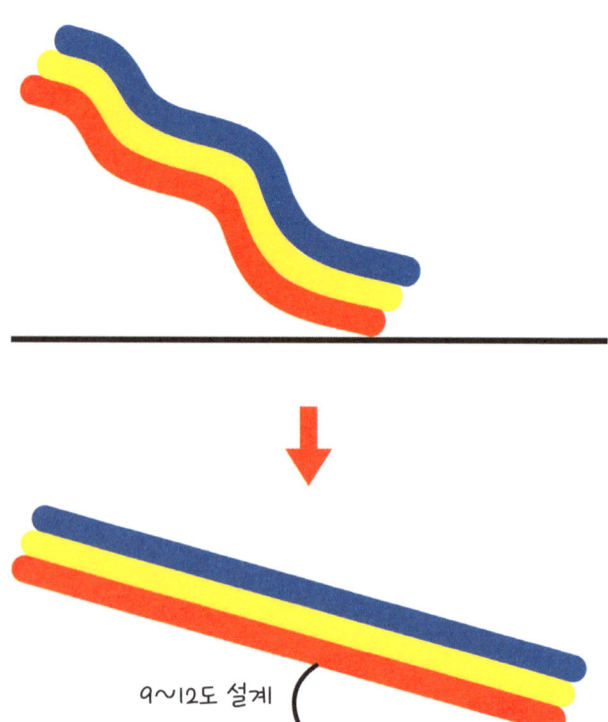

생활 속 꿀팁!

세계에서 가장 길고 높은 미끄럼틀은?

높이 115m, 길이 178m로 세계에서 가장 긴 미끄럼틀이 있는 곳은 영국 런던이에요. 2012년 런던 올림픽을 기념해 '아르셀로미탈 오비트'라는 조형물을 만들었는데, 이 조형물의 꼭대기에는 전망대가 있어요. 전망대를 계단으로 내려가는 것보다는 미끄럼틀을 타고 내려가면 재밌겠다는 생각하게 되어 만들게 되었다고 해요.

이 미끄럼틀은 원통 모양으로 안전하게 만들었고, 투명하게  만들어 잠깐이지만 미끄럼틀을 타고 내려가면서 주위 경치를 볼 수 있다고 해요. 미끄럼틀을 타고 내려오기까지 걸리는 시간은 총 40초로 긴 편이지만, 뱅글뱅글 미끄럼틀을 타면서 내려오는 재미 때문에 짧게 느껴진다고 해요.

수학 UP! 문해력 UP! 읽고 풀어 봐~!

1. 2019년부터 2021년 놀이터 내 어린이의 안전사고를 조사한 결과예요. 아래의 표를 막대그래프로 나타내 보세요.

미끄럼틀	그네	철봉	기어오르기	시소
1160	813	627	393	212

	미끄럼틀	그네	철봉	기어오르기	시소
1200					
1000					
800					
600					
400					
200					

2. 아래 미끄럼틀에서 A, B, C 세 곳에서 각각 축구공을 두고 동시에 굴리면 어떤 공이 가장 먼저 도착할까요?

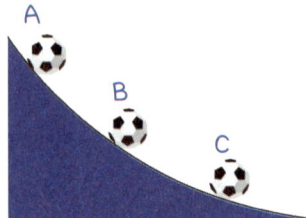

① A가 가장 먼저 도착한다.
② B가 가장 먼저 도착한다.
③ C가 가장 먼저 도착한다.
④ A, B, C가 같이 도착한다.

3. 아래와 같이 자전거 바퀴 가장자리에 반짝 빛나는 야광등을 붙인 후, 자전거가 이동한다고 상상해 보세요. 자전거 바퀴가 움직이면서 야광등도 움직여요. 이때 야광등이 그리는 곡선의 이름은 무엇인가요?

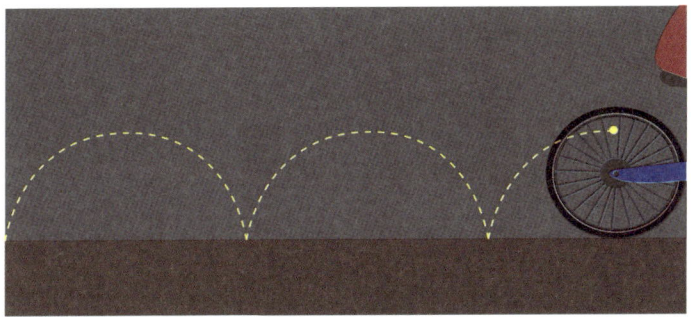

정답 : ☐☐☐☐☐☐

4. 직선 미끄럼틀과 사이클로이드 곡선을 비교한 것이에요. 빈칸에 부등호(<, >, =) 중 하나를 고르세요.

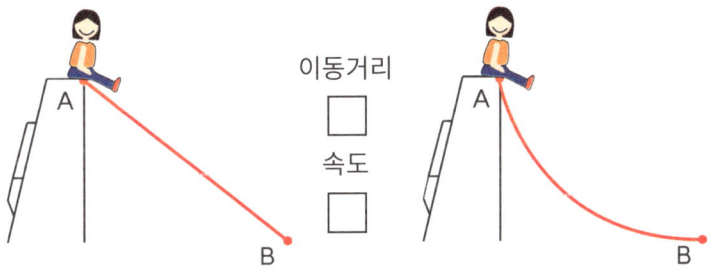

정답

1.

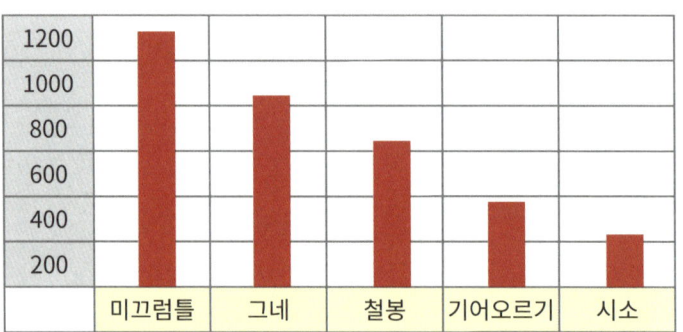

2. ④

3. 사이클로이드

4. <, <

야구 타율,
　　3할 5푼 6리가 뭔가요?

❝ 야구에서는 왜 '할푼리'를 쓰나요? ❞

　역대 타격왕 경쟁이 가장 뜨거웠던 해는 1990년이었다. 당시 해태 한대화, 빙그레 이강돈이 시즌 최종일까지 경쟁을 벌였는데, '할푼리'까지 똑같고 '모'까지 반올림하면 승부가 나지 않아 결국 소수점 아래 5번째 자리인 '사'까지 따진 끝에 희비가 갈렸다. 한대화는 타율 0.33492(418타수 140안타), 이강돈은 0.33486(436타수 146안타)이었다.

－2023년 9월 21일 문화일보 스포츠 면 기사 중 발췌－

야구 경기에서 종종 나오는 '할푼리'는 비율을 소수로 나타낼 때 소수 첫째 자리, 둘째 자리, 셋째 자리를 부르는 말이에요. '할푼리'의 할, 푼, 리는 각각 비율을 소수로 나타낸 0.1, 0.01, 0.001을 뜻해요. 3할 5푼 6리는 비율을 소수로 나타낸 0.356과 같아요.

할푼리 표현은 일본에서 유래된 것이에요. 우리나라는 개화기와 일제 강점기를 거치며 여러 분야에서 일본식 표현을 많이 쓰게 되었는데, 할푼리도 그중 하나예요. 오늘날은 비율을 표현하는 방법으로 '할푼리' 표현보다는 백분율(%)을 주로 많이 사용해요.

그런데 유독 야구에서 아직도 할푼리 표현법을 쓰고 있는 건 야구가 일본을 통해 들어왔기 때문이에요. 일본식 표현 대신 국제적으로 사용되는 백분율(%)로 표현하는 게 더 좋지 않을까요?

교과서 속 수학 개념!

비율을 나타내는 방법, 백분율(%)

비율은 기준량에 대한 비교하는 양을 분수 또는 소수로 나타낸 것을 말해요. 예를 들어 1학년 2반 학생 전체가 25명이고, 그중 남학생이 12명이라고 한다면 1학년 2반에서 남학생의 비율은 $\frac{12}{25}$가 돼요. 또 분수 $\frac{12}{25}$를 소수로 나타내면 0.48이 돼요. 남학생의 비율을 분수인 $\frac{12}{25}$ 또는 소수 0.48로 나타낼 수 있어요.

$$비율 = \frac{비교하는\ 양}{기준량}$$

백분율로 나타내려면 비율을 소수로 나타낸 것에서 100을 곱한 다음, '퍼센트(%)' 기호를 쓰면 돼요. 전체 학생이 25명인 학급에서 남학생이 12명일 때 남학생의 비율을 백분율로 나타내면 0.48×100=48%로 나타낼 수 있어요.

초3 :: 소수 - 초6 :: 비와 비율

왜 타율 0.4를 '꿈의 타율'이라 하나요?

야구 경기를 봤다면 '타율'이라는 말을 자주 들어 봤을 거예요. 타율은 타자의 능력을 나타내는 것 중 하나로, 타자가 친 전체 타수 중에서 안타를 친 수의 비율을 뜻해요.

$$타율 = \frac{안타수}{타수}$$

어떤 타자가 총 258타수 중에서 100안타를 쳤다면, 이 타자의 타율을 구하기 위해서는 100÷258을 계산한 값을 소수로 나타내면 돼요.

100 ÷ 258 = 0.387596…

소수점 넷째 자리에서 반올림하면 ⇒ 0.388

⇒ 3할 8푼 8리

우리나라 야구 선수의 역대 타율 기록 1위부터 10위까지를 표(오른쪽)로 나타낸 것이에요. 1위인 1982년 백인천 타자가 유일하게 타율 0.4를 넘었어요. 1982년은 우리나라 프로 야구가 시작된 해이기도 한데, 그해의 기록이 지금까지 깨지지 않는 최고의 타율 기록이라는 점이 놀라워요.

'꿈의 타율'이라는 말이 있을 정도로 타자들에게 타율 0.4는 좀처럼 갖기 힘든 기록이에요. 앞으로 어떤 선수가 1982년 백인천 선수의 꿈의 타율 0.4를 뛰어넘을지 지켜보는 것도 야구를 즐기는 또 다른 재미가 될 거예요.

순위	선수명	타율	연도
1	백인천	0.412	1982
2	이종범	0.393	1994
3	장효조	0.387	1987
4	테임즈	0.381	2015
5	최형우	0.376	2016
6	장효조	0.373	1985
7	마해영	0.372	1999
8	박용택	0.372	2009
9	홍성흔	0.371	2009
10	서건창	0.370	2014

자료 출처: KBO 홈페이지

> 생활 속 꿀팁!

야구를 '기록과 통계의 스포츠'라고 하는 이유는?

야구를 흔히 '기록의 스포츠', '통계의 스포츠'라고 불러요. 그 이유는 야구 경기 중 일어나는 모든 상황이 수로 기록되고, 계산을 통해 예측하기 때문이에요. 모든 선수의 능력이 타율, 방어율, 출루율, 장타율 등과 같이 계산을 통해 얻은 값으로 비교해요. 야구를 즐겨 보게 된다면 기록과 통계의 중요성을 느낄 수 있을 거예요.

❝ 타율은 어떻게 계산하나요? ❞

이제 타율을 직접 계산해 볼까요? A 야구 선수의 최근 5년의 기록은 다음 표와 같아요. 2018년부터 2022년까지의 모든 경기를 토대로 한 A 선수의 타율은 얼마일까요?

연도	타율	게임	타수	안타
2018	0.257	52	113	29
2019	0.263	129	350	92
2020	0.276	68	116	32
2021	0.243	77	247	60
2022	0.338	126	453	153
2018 ~2022	?			

타율을 구하기 위해 먼저 지난 5년 동안의 모든 타수의 합을 알아야 해요.

★ 2018년부터 2022년까지의 타수 합
  =113+350+116+247+453=1279
★ 2018년부터 2022년까지의 안타의 합
  =29+92+32+60+153=366
타율 = 366÷1279=0.28616… ⇒ 0.286

타율을 계산할 때 간혹 실수를 하는 경우가 있어요. 모든 타수와 안타의 합을 더해서 타율을 계산하지 않고, 각각 해의 타율을 모두 더해서 5로 나누는 방법으로 계산하는 것이에요.

★ 타율 계산의 잘못된 방법

(0.257+0.263+0.276+0.243+0.338) ÷ 5

= 0.2754

⇒ 각각의 타율을 더해 평균을 구하면 안 돼요!

야구 선수의 타율은 선수가 친 모든 안타의 수에서 전체 타수를 나눠 계산해야 한다는 점을 꼭 기억하세요.

> 생활 속 꿀팁!

역할로 분류한 야구 선수 세 종류!

① 투수: 수비 위치에서 공을 던지는 역할을 하는 선수. 포수에게 공을 던져서 상대팀의 타자가 안타나 홈런을 치지 못하도록 하는 역할을 해요.

② 포수: 투수가 던진 공을 받는 역할을 하는 선수. 투수가 빠르게 던진 공을 잘 받아야 하므로 공으로부터 보호하는 장비를 갖추고 있어요.

③ 타자: 공격할 때 투수가 던진 공을 배트로 치는 선수.

수학 UP! 문해력 UP! 읽고 풀어 봐~!

누가 누가 잘 치나, 타격왕 싸움

0.34713. 이정후(23·키움 히어로즈)의 □□이다.
0.34711. 강백호(22·KT 위즈)의 □□이다.
0.00002의 차이. 비단 둘 뿐이 아니다. 전준우(35·롯데 자이언츠)가 있다. 20일 현재 전준우의 □□은 0.34674. □□을 ○○○로만 끊으면 세 선수는 똑같이 □□이 0.347이 된다. 타격 부문은 자고 나면 순위가 바뀌어 있다.
.... 생략 ....

※ 2021년 10월 21일 한겨레신문 발췌

1. 뉴스에서 □□에 공통으로 들어갈 말로, 타자의 능력을 나타내는 값을 무엇이라고 하나요?
   ① 타율   ② 안타   ③ 홈런

2. 비율을 표현하는 방법의 하나로, 일본식 표현이에요. ○○○에 들어갈 말은 무엇인가요?

   ☐☐☐☐

3. 이정후, 강백호, 전준우 선수의 기록을 비교했을 때, 안타를 치는 능력이 뛰어난 순서대로 선수 이름을 써 보세요.

선수	타석	타수	안타
A	3006	2658	902
B	3632	3050	1009
C	3853	3326	1085
D	3591	3192	1041
E	7364	6465	2094

4. 위의 표를 보고 A~E 선수의 타율을 구하는 계산식과 타율의 값을 구해 빈칸을 채워 보세요. 단, 타율은 소수점 넷째 자리에서 반올림해서 셋째 자리까지 쓰세요.

선수	타율 구하는 식	타율
A		
B		
C		
D		
E		

5. A~E까지의 선수 중에서 타율이 가장 높은 선수의 타율을 할푼리로 표현해 보세요.

_____ 선수, ___ 할 ___ 푼 ___ 리

정답

1. ①번

2. 할푼리

3. 이정후(0.34713), 강백호(0.34711), 전준우(0.34674)

4.

선수	타율 구하는 식	타율
A	902 ÷ 2658	0.339
B	1009 ÷ 3050	0.331
C	1085 ÷ 3326	0.326
D	1041 ÷ 3192	0.326
E	2094 ÷ 6465	0.324

5. A 선수, 3할 3푼 9리

08. 차 번호판을 보면 자동차 종류를 알 수 있어요?

나라마다 차 번호판이 다른가요?

처음 차 번호판을 사용한 나라는 프랑스예요. 1893년 프랑스에서는 자동차에 번호판을 붙여야 한다는 법을 만들었어요. 이후 독일과 네덜란드에서도 차 번호판을 사용하게 되었고, 점차 차에 번호판을 붙이는 것이 전 세계 나라들로 확대되었어요.

대부분의 자동차 번호판은 숫자나 글자로 이뤄져 있어요. 나라마다 번호판 모양이나 색깔, 내용은 조금씩 달라요.

그중에서도 독특한 번호판을 쓰고 있는 몇몇 나라가 있어요. 외국으로 여행을 간다면 차 번호판을 유심히 살펴보는 것도 재미있을 거예요.

1. 깔끔한 게 최고지!

대부분의 유럽 나라는 흰색 바탕으로 왼쪽에 파란색 띠가 있는 모양의 번호판을 써요. 파란색 띠에는 '유럽 연합(EU)' 소속임을 나타내는 국기와 나라를 나타내는 알파벳이 적혀 있어 어느 나라의 차인지 알 수 있어요. 이 번호판은 독일의 차 번호판이에요.

2. 파란색이라 눈에 잘 띄지?

중국의 일반 승용차 번호판은 파란색이에요. 버스나 대형차는 노란색, 전기 자동차 같은 친환경 차는 초록색을 써서 색깔을 보면 차 종류를 알 수 있어요. 한자는 지역을 줄여서 부르는 말을 나타내요.

3. 번호판도 그림처럼 멋지게~!

미국의 일리노이주의 번호판이에요. 배경에 있는 그림의 주인공은 일리노이주에서 오래 지냈던 미국 제16대 대통령 에이브러햄 링컨이에요. 미국은 주마다 고유한 차 번호판을 사용해요.

4. 곰 모양 차 번호판은 처음이지?

캐나다도 미국처럼 주마다 다른 모양의 번호판을 사용해요. 아래의 번호판은 북극곰이 사는 캐나다 북극 지역의 차 번호판이에요. 차 번호판 모양을 곰 모양으로 만든 점이 독특해요.

66 번호판 글자와 숫자에 담긴 뜻은 뭘까? 99

우리나라 자동차 번호판은 가운데 한 글자가 있고, 왼쪽에 두 자리 또는 세 자리 숫자가 있어요. 또 오른쪽에는 네 자리 숫자가 있어요.

번호판 맨 앞 두 자리 또는 세 자리 숫자는 자동차의 종류를 뜻해요. 글자는 자동차의 용도를 나타내요. 그리고 뒤의 네 자리 숫자는 자동차를 등록할 때 임의로 정해지는 숫자예요.

앞자리 숫자가 두 자리일 때	앞자리 숫자가 세 자리일 때
01~69 : 승용차 (6명 이하의 사람을 태우는 자가용 차)	100~699 : 승용차
70~79 : 승합차 (7명 이상의 사람을 태울 수 있는 대형 자동차)	700~799 : 승합차
80~97 : 화물차 (탑차, 덤프트럭 등 화물을 실어 나르는 자동차)	800~979 : 화물차
98~99 : 특수차 (크레인, 트랙터 등 특수 설비를 갖춘 자동차)	980~997 : 특수차 998~999 : 긴급차 (경찰차, 소방차)

일반(자가용)	사업용		
	영업용 (택시, 버스)	렌터카	택배
가, 나, 다, 라, 마 거, 너, 더, 러, 머, 버, 서, 어, 저 고, 노, 도, 로, 모, 보, 소, 오, 조 구, 누, 두, 루, 무, 부, 수, 우, 주	바, 사, 아, 자	하, 허, 호	배

08. 차 번호판을 보면 자동차 종류를 알 수 있어요?

우리나라는 2006년부터 '두 자릿수+한 글자+네 자릿수'로 이뤄진 차 번호판을 사용하기 시작했어요. 이런 번호판으로 만들 수 있는 번호의 개수는 약 2200만 개예요. 그런데 우리나라의 자동차 수가 늘어나면서 더는 이 방법으로 새로운 번호판을 만들 수 없게 됐어요.

그래서 2019년 9월부터 앞자리가 세 자릿수인 번호판을 사용하고 있어요. 이렇게 하면 약 2억 개 이상의 번호판을 만들 수 있어요. 2021년 12월 기준으로 우리나라에 등록된 자동차 수는 2491만 대예요. 앞으로 자동차 수가 늘어나도 사용할 수 있는 번호의 개수는 충분해요.

약 2200만 개 ⇒ 약 2억 개

2020년부터는 차 번호판의 형태도 늘었어요. 이전에는 흰색 바탕에 검은색 글씨로 된 '페인트식 번호판'만 사용할 수 있었는데, 필름을 사용한 번호판이 생겼어요. 필름식 번호판은 왼쪽에 파란색 띠가 있어요.

— 페인트식 번호판

— 필름식 번호판

이 띠에는 한국을 뜻하는 영어 'KOR'과 태극무늬, 번호판 위조 범죄를 막기 위한 홀로그램이 새겨져 있어요. 필름식 번호판은 페인트식 번호판보다 빛을 잘 반사해 어두운 곳에서도 번호가 잘 보여요.

대부분의 차 번호판은 흰색이지만, 최근에는 파란색으로 된 자동차 번호판도 볼 수 있어요.
2017년부터 전기 자동차나 수소 자동차와 같은 친환경 자동차는 파란색 번호판을 쓰기로 했기 때문이에요. 앞으로 친환경 자동차가 더 많아지면 거리에서 파란색 번호판을 더 많이 볼 수 있을 거예요. 또 노란색 번호판은 버스나 택시, 진한 남색은 외교관이 사용하는 자동차 번호판이에요.

〝차 번호판에서 발견한 '택시 수'란?〞

주차장이나 도로 같은 곳에서 자동차 번호판이 '1004'나 '1234'처럼 특별한 숫자로 된 것을 본 적이 있을 거예요. 이처럼 차 번호판 숫자를 보고 특별한 수라는 것을 알아챈 수학자가 있어요.

인도의 수학자 스리니바사 라마누잔은 어렸을 때부터 수에 뛰어난 재능을 보였어요. 우체국에서 일하면서도 수학 연구를 놓지 않았어요. 이런 라마누잔의 뛰어난 재능을 알아본 영국의 수학자 하디는 라마누잔을 영국에 초대했어요. 두 사람은 함께 수학을 연구하는 동료가 되었어요. 그러던 어느 날, 라마누잔의 건강이 나빠져 병상에 누워 있을 때, 하디가 라마누잔을 보러 왔어요. 두 사람은 이런 대화를 나누었다고 해요.

하디: 방금 내가 타고 온 택시의 번호판이 1729였어. 평범한 숫자지.

라마누잔: 아닙니다. 1729는 정말 놀라운 수예요.

$1729 = 1^3 + 12^3 = 9^3 + 10^3$이 되는 수입니다.

세제곱한 두 수를 더한 값으로 나타내는 방법이 2가지인 수 중에서 가장 작은 수예요.

$$1729 = (1 \times 1 \times 1) + (12 \times 12 \times 12) = 1 + 1728$$
$$= (9 \times 9 \times 9) + (10 \times 10 \times 10) = 729 + 1000$$

라마누잔이 말한 것은 위와 같이 나타낼 수 있어요. 세제곱한 두 수를 더해서 원래의 수를 만드는 방법이 두 가지인 수를 '택시 수'라고 해요. 택시 번호판에서 본 숫자를 보고 깨달았다는 뜻에서 이름을 지었어요.

교과서 속 수학 개념!

중ㅣ :: 거듭제곱

같은 수를 여러 번 곱할 때, 거듭제곱!

같은 수나 문자를 여러 번 곱한 것을 간단히 나타내는 것을 '거듭제곱'이라고 해요. 예를 들어 3을 네 번 곱한 것을 거듭제곱으로 표현하면 다음과 같아요.

$$3 \times 3 \times 3 \times 3 = 3^4 = 81$$

이때 3^4를 3의 네제곱이라고 읽어요.

수학 UP! 문해력 UP! 읽고 풀어 봐~!

1. 여러 나라의 차 번호판이에요. 각각 어느 나라의 차 번호판인지 써 보세요.

( )   ( )

( )   ( )

2. 다음은 아래에 있는 차 번호판을 보고 알맞은 설명을 고르세요.

① 페인트식 차 번호판이에요.
② 택시 또는 버스의 차 번호판이에요.
③ 자동차 수가 늘어 2006년 이후 사용하기 시작했어요.
④ 빛을 잘 반사해 어두운 곳에서도 번호가 잘 보여요.

3. 차 번호판의 앞부분이 두 자릿수에서 세 자릿수로 바뀌면서 만들 수 있는 차 번호판의 개수가 몇 배 늘었나요? 아래의 글을 읽고 계산해 보세요.

> 우리나라는 2006년부터 '두 자릿수+한 글자+네 자릿수'로 이뤄진 차 번호판을 사용하기 시작했어요. 이런 번호판으로 만들 수 있는 번호의 개수는 약 2200만 개예요. 그런데 우리나라의 자동차 수가 늘어나면서 더는 이 방법으로 새로운 번호판을 만들 수 없게 됐어요.
> 그래서 2019년 9월부터 앞자리가 세 자릿수인 번호판을 사용하고 있어요. 이렇게 하면 약 2억 개 이상의 번호판을 만들 수 있어요. 2021년 12월 기준으로 우리나라에 등록된 자동차 수는 2491만 대예요. 앞으로 자동차 수가 늘어나도 사용할 수 있는 번호의 개수는 충분해요.

답 : _____ 배

풀이과정 : _____
_____

4. 택시 수 1729와 같이 세제곱한 두 숫자의 합으로 나타낼 수 있는 수가 또 있어요. 4104이에요. □와 ☆에 들어갈 숫자를 찾아보세요.

$$4104 = \square^3 + 16^3 = \text{☆}^3 + 15^3$$

정답

1. 독일, 중국, 미국, 캐나다

2. ④

3. 2억 ÷ 2200만 = 약 9.09이므로 9배 늘었다고 볼 수 있어요.

    답 : 9배

4. □=2, ☆=9